改訂新版

課題達成のプロセスで学ぶビジネスコミュニケーション

Business Communication in Japanese

目次

各課	課の目標	
Lesson 1 企業の求める人材を知る	①企業ガイダンスを聞いて理解することができる。 ②会社概要を読んで理解することができる。 ③就職のための提出書類（エントリーシート等）を書くことができる。 ④面接で自己アピールができる。	……8
Lesson 2 に入る前に…登場人物	グローバルコスメ社で働く人々を知る。	……26
Lesson 2 企画を立てる	①会議の内容を聞いて、要点を理解できる。 ②グラフを見て、現状を説明できる。 ③会議の内容を整理して報告できる。	……32
Lesson 3 居酒屋でコミュニケーションを図る	①カジュアルな場面で話の目的や提案の内容を理解することができる。 ②カジュアルな場面で人間関係を考慮しながら、会話を維持することができる。 ③職場で生じた問題や悩みについて相談することができる。	……42
Lesson 4 企画を具体化する	①SWOT分析についての記事を読んで要点を整理できる。 ②SWOT分析の結果を読んで理解することができる。 ③商品を位置づけ、マーケティング戦略について議論ができる。	……52
Lesson 5 プレゼンテーションをする	①アイディアや問題を整理し、わかりやすいプレゼンテーションの資料を準備できる。 ②分析結果をもとに、上司にプレゼンテーションできる。 ③プレゼンテーションの内容を踏まえて質問や提案ができる。	……65
自己評価、言語的・文化的体験の記録、スクリプト・解答		……85

テキストの使い方　テキストの対象者

このテキストは、現在日本語を使って仕事をしている、あるいは将来、日本語を使って仕事をしたいと思っている人を想定して作られています。外国人だけでなく、日本人の大学生や新入社員が適宜使用することも可能です。大学や日本語学校等の日本語の授業、そして企業内研修で用いることができます。個人で勉強しようと考えている人も心配はありません。学習の進捗状況を把握できるようにチェックシートが作られていますので、それを利用してください。

では、次の文を読み、当てはまるものに✓してください。すべて日本語を使用する場面を思い浮かべて答えてください。

☐ (1) 職場でなかなかコミュニケーションがとれない。
☐ (2) 会社で日本人社員の仕事のやり方が理解できないときがある。
☐ (3) 意見を述べるのが難しい。
☐ (4) 日本語が、仕事の中でどのように話されているかが知りたい。
☐ (5) 聴きとりに不安がある。
☐ (6) 就職の面接に強くなりたい。
☐ (7) 会議などで話が進んでいくと、ついていけなくなる。
☐ (8) メールの書き方に自信がない。
☐ (9) 上司や同僚との雑談が苦手だ。
☐ (10) 日本語でプレゼンテーションをする自信がない。

当てはまるものはいくつありましたか。テキストにあるタスクは、どれも上記のものと関連がありますので、✓が複数ついた人は、該当するタスクをやってみてください。(1)から(5)まではテキストを通して学ぶことができ、(6)からは、各レッスンで出てくる場面と関係があります。(6)の面接はLesson 1に、(7)の会議は、Lesson 2とLesson 4、(8)のメールはLesson 2、(9)の雑談はLesson 3、(10)のプレゼンテーションはLesson 5で取り上げられています。

日本(日系)企業の声や外国人ビジネスパーソンの声

日本企業では外国人ビジネスパーソンについて、次のようなことが言われています。
「日本語が話せても仕事ができない人は困る」「何度も同じことを言ってくる」「必要なことが報告されない」「品質の大切さが伝わらない」——。

現役の外国人ビジネスパーソンは次のように言っています。
「日本語はわかるが、仕事のやり方がわからない」「人間関係を作るのが難しい」「ビジネス習慣がわからない」などです。
このテキストは、数多くの人にインタビューをした結果を反映して作りました。

このテキストの目指すもの

このテキストは、単に日本語を勉強することを目的としていません。
それは、日本語は仕事の手段にすぎないからです。

仕事ができるようになるためには、どのような日本語が必要か、ということをこのテキストでは追求していきます。目指す主な能力は、仕事で必要となる、課題達成能力と問題発見解決能力、そして異文化理解能力です。
日本語を使って仕事をしていく際には、速やかに課題を達成していくことが大切です。問題がある場合には、問題の所在や解決の方法などを見出す能力が必要です。そして、共通の課題を達成する人々同士でお互いの立場や考え方、価値観を理解しつつ協力しながら取り組む能力が求められます。
このような能力が問われるのは外国人の方だけではありません。日本人も同様です。このテキストは、日本人と外国人が一緒に働くための人材育成用に作られ、両者の人間関係がうまく作られることを目指しています。

テキストの構成

Lesson 1は、「企業の求める人材を知る」ための内容で、これから日本（日系）企業で働きたい、あるいは日本人と仕事をしたいと考えている人や、今後転職をしたいという人に向いています。Lesson 2以降は、大手化粧品会社「グローバルコスメ」社に勤務する5名が登場し、会社の業務の一部が紹介されています。学習者のみなさんも社員になったつもりでディスカッションをしてみたり、ご自身のコンテキスト（文脈）に合わせてプレゼンテーションをしてみてください。さまざまなタスクを通じて、テキストに書かれた目標に近づくことができます。

タスクは、4つの技能（読む、聴く、話す、書く）のバランスを考えて作られています。さらに、それぞれの技能は、多様なコミュニケーションの場面から構成されています。たとえば、話す技能には、プレゼンテーションのように「聴衆に向けて一方向的に話す」活動と、会議でのディスカッションや居酒屋でのコミュニケーションのように「対面でのやり取り」の活動を設けています。

Lesson 4とLesson 5には、SWOT分析という専門的なマーケティングの手法が出てきます。これはたびたび使われる手法ですので、実際の必要性に応じて、それぞれの専門領域において応用することができます。

なお、付属のCD-ROMには 🄲🄳 マークのある箇所の音声、Lesson 5のスライド、および文法の説明と練習が入っています。CD-ROMに収録されているデータは、以下よりダウンロードすることもできます。

www.cocopb.com/process/home.html

このテキストを使うと何ができるようになるか?

このテキストでは日本語を使って次のことができるようになることを目指します。下記に示す「〜できる」の形式で書かれた文は能力記述文 (Can-Do-Statements: CDS) と呼びます。これらの能力記述文は、CEFR (Common European Framework of Reference for Languages; Learning, teaching, assessment: ヨーロッパ言語共通参照枠) のB2レベルを参考に作られています。専門分野での議論や自発的な相互作用ができるレベルでの課題達成能力の養成を目指しています。

学習者は、各レッスンを始める前に、それぞれの言語活動を日本語でどれくらいできるか自分でチェックしてみることができます。また、各レッスンを勉強した後でもう一度チェックしてみて、どのくらい自信がついたかを確認し、まだ自信がないと思う項目は、引き続き目標にしておくこともできます。(チェックリストは、英語版と一緒にp.86〜90にあります)

教師は、能力記述文のリストを用いることで、各レッスンの内容に合わせて、日本語学習の目標を学習者に意識させることができます。また、学習者の学習状況に応じて、到達度を確認するためのパフォーマンス・テストを作成することもできます。

CD-ROMには次のものが入っています

● 聴解のタスク(音声)
● Lesson 5のプレゼンテーション資料(PPT)
● 表現の練習(Word)

これらのデータは、以下よりダウンロードすることもできます。
　　www.cocopb.com/process/home.html

能力記述文 Can-do statements [Lesson 1 / Lesson 2]

各レッスンの目標と関連する日本語の能力記述文、すなわちCan-do statementsのリストです。あなたは、次のことが日本語でどれくらいできますか。各レッスンを勉強する前に自分でチェックしてみるといいでしょう。また、各レッスンを勉強した後でもう一度チェックしてみて、どのくらい自信がついたかを確認し、まだ自信がないと思う項目は、引き続き目標にすることもできます。（チェックリストは、このテキストの後ろに載せてあります）

Lesson 1　企業の求める人材を知る

1　企業ガイダンスにおいて、自分の専門分野や関心の範囲で、話を聞いて理解できる。
2　就職を希望する会社や関心のある企業のホームページ、あるいはパンフレットに書かれた簡潔な会社概要を読んで、十分に理解できる。
3　企業やビジネスに関する専門雑誌に目を通し、関連する事項が書かれた長い複雑な文章を把握することができる。
4　求人雑誌やホームページ、企業概要についての、ある程度長い文章にざっと目を通し、条件や仕事内容、企業理念や規模など、就職活動のために必要な情報を収集できる。
5　長所や短所をはじめ、簡単な自己PR文を、就職のための提出資料（エントリーシートを含む）に書くことができる。
6　就職面接の場で、これまでの経験、自分の関心のある分野、希望する職種などについて、事項を補足しながら、関連事例を挙げ、自己アピールをすることができる。

Lesson 2　企画を立てる

1　会議などで母語話者同士の活気に富んだ会話についていくことができる。
2　社内会議などで、企業の販売実績や市場の動向を表すグラフを見ながら、現状を説明することができる。
3　参加した会議の内容を理解して、参加していない人に明瞭で簡潔なメールを書いて報告することができる。
4　参加した会議の内容を理解し、参加していない人に対して、口頭で明瞭に報告することができる。
5　参加した会議の内容を理解し、参加者から出た色々な情報や議論をまとめて議事録を書くことができる。

Can-do statements [Lesson 3 / Lesson 4]

Lesson 3　居酒屋でコミュニケーションを図る

1　仕事の後、カジュアルな場面（食事の場など）で同僚や上司が話している内容を聞いて、その議論の要点を理解できる。

2　仕事の後、カジュアルな場面（食事の場など）で同僚や上司が話す時に、自分の意見を説明したり、会話を維持したりできる。

3　昼休みや帰り道などで、上司や他の部署の人と一緒になった時に、お互いに緊張を強いることなく、普通の対話や関係が維持できる程度に、流暢かつ自然に対話ができる。

4　仕事上の問題について論じられている非公式の議論に積極的に参加し、コメントしたり、視点をはっきり示すことができる。また、代案を評価すること、仮説をたてたり、それに対応することができる。

Lesson 4　企画を具体化する

1　抽象的で複雑、かつ未知の話題でも、社内会議などにおいての第三者間の複雑な対話を聞いて理解することができる。

2　マーケティングにおけるSWOT分析など、特定の視点から取り上げられた分析記事を読んで理解できる。

3　母語話者同士の活発な議論を聞いて理解でき、支持側と反対側の論理を的確に把握できる。

4　社内会議などにおいて、問題解決のための議論に参加し、自分の考えや意見を正確に表現できる。また、複雑な筋立ての議論に対し、説得力を持って見解を提示し、対応できる。

Can-do statements [Lesson 5]

Lesson 5　プレゼンテーションをする

1　企画のアイディアや問題を整理し、分かりやすいプレゼンテーションの資料（例えば、PPTやレジュメ）を準備することができる。

2　いろいろなところから集めた情報や議論をまとめ、プレゼンテーションの資料を作ることができる。

3　社内でのプレゼンテーションで受け手に与える影響を考えながら、事前に言うこと及びその表現方法について準備することができる。

4　要点や補足説明にも焦点を当てながら、はっきりと、体系的に展開したプレゼンテーションができる。

5　ある特定の視点に対して賛成や反対の理由を挙げたり、いくつかの選択肢の利点と不利な点を示しながら、事前に用意されたプレゼンテーションをはっきり行うことができる。

6　プレゼンテーションで話し手の発話を正しく理解したかどうかを確認するための質問ができ、曖昧な部分の説明を求めることができる。

Lesson 1 企業の求める人材を知る

目標

① 企業ガイダンスを聞いて理解することができる。

② 会社概要を読んで理解することができる。

③ 就職のための提出書類（エントリーシート等）を書くことができる。

④ 面接で自己アピールができる。

Task 1 読 & 話

1. 次の漢字は、日本国内の化粧品とトイレタリーのシェアを示すグラフに出ているものです。読み方と意味を確認しましょう。＊はビジネスでよく用いられる語彙です。知らない単語には✓をつけてください。

✓	＊	語彙	読み方	英訳
	＊	国内	こくない	domestic
		化粧品	けしょうひん	cosmetics
	＊	市場	しじょう	market
	＊	シェア	しぇあ	share
	＊	年度	ねんど	business year, fiscal year
		資生堂	しせいどう	Shiseido (company name)
		花王	かおう	Kao (company name)

2. 日本国内化粧品とトイレタリーのシェアのグラフを見てください。この中に知っている会社がありますか。知っている会社の製品（化粧品やシャンプー他）の中で使ったことがあるものはありますか。話し合ってみましょう。

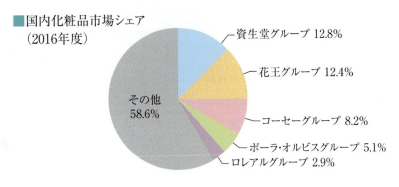

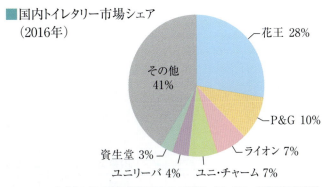

出典『会社四季報業界地図2018年版』p.173, 175. 東洋経済新報社

語彙と表現1 　覚

次の語彙はこれから聞く企業ガイダンス（企業説明会）の中に入っています。
＊はビジネスでよく用いられる語彙です。知らない単語には✓をつけてください。

✓	＊	語彙	読み方	英訳
	＊	人事部	じんじぶ	personnel department
		迎える	むかえる	to welcome
		求める	もとめる	to seek, to look for
	＊	人材像	じんざいぞう	ideal employee
		設立する	せつりつする	to establish
	＊	従業員数	じゅうぎょういんすう	the number of employees
		概要	がいよう	summary, outline
		お手元の	おてもとの	in hand
	＊	会社案内	かいしゃあんない	company information
	＊	選考基準	せんこうきじゅん	criterion for selection
	＊	営業	えいぎょう	sales
	＊	企画	きかく	planning
	＊	職種	しょくしゅ	type of job
		共通する	きょうつうする	to have in common
		向上	こうじょう	improvement
		社会貢献	しゃかいこうけん	contribution to society
		打ち込む	うちこむ	to dedicate oneself to
		経験	けいけん	experience
		卒業論文	そつぎょうろんぶん	graduation thesis
		体育会	たいいくかい	university sport club
		ボランティア	ぼらんてぃあ	volunteer (activity)
		全力	ぜんりょく	one's best
		取り組む	とりくむ	to work on, to deal with
		過程	かてい	process
		挫折	ざせつ	failure, frustration, defeat
		悔しさ	くやしさ	regret, mortification
		味わう	あじわう	to experience, to go through
		困難な	こんなんな	difficult
		状況	じょうきょう	situation

✓	*	語彙	読み方	英訳
		直面する	ちょくめんする	to face
		乗り越える	のりこえる	to overcome
	*	人材	じんざい	human resources
		チーム	ちーむ	team
	*	プロジェクトベース	ぷろじぇくとべーす	project-based
		割り当てる	わりあてる	to allocate
	*	意見交換をする	いけんこうかんをする	to exchange opinions
	*	企画を立てる	きかくをたてる	to make a plan
		尊重する	そんちょうする	to respect
	*	協調性	きょうちょうせい	harmony, cooperativeness
		筆記試験	ひっきしけん	written test
		参考程度	さんこうていど	as reference
	*	面接	めんせつ	interview
		重視する	じゅうしする	to emphasize, to think a great deal of
		原則	げんそく	in principal
		内容	ないよう	content
		特別扱い	とくべつあつかい	special treatment
		自由な	じゆうな	free
		発想	はっそう	idea
		物事	ものごと	things, matter
		期待する	きたいする	to expect
		具体的な	ぐたいてきな	concrete

■ 語彙チェック（知っている語彙は何パーセント?）　　　約　　　％

Task 2 聴 & 話

外国人留学生向けの企業ガイダンス（説明会）の内容を聞いてください。化粧品会社であるグローバルコスメ社人事部の山中氏が自社について説明します。

1. CDを聞いて、次の表を完成させてください。

設立	
従業員数	
求める人材	1)
	2)
	3)
選考方法	

2. 上記のことばを使って、グローバルコスメ社のガイダンスの内容をまとめて話してみましょう。（1～2分）

〈メモ〉

語彙と表現 2　覚

次の語彙はこれから読む「企業概要」と「社長メッセージ」に出てきます。＊はビジネスでよく用いられる語彙です。知らない単語には✓をつけてください。

〈企業概要〉

✓	＊	語彙	読み方	英訳
	＊	企業概要	きぎょうがいよう	company information
	＊	創業	そうぎょう	establishment of enterprise

✓	＊	語彙	読み方	英訳
	＊	代表者	だいひょうしゃ	representative
	＊	代表取締役社長	だいひょうとりしまりやくしゃちょう	President & CEO
		橘 一成	たちばな かずなり	(person's name)
	＊	従業員	じゅうぎょういん	employee
	＊	3月末	さんがつまつ	the end of March
	＊	嘱託	しょくたく	non-regular employee
	＊	パート	ぱーと	part-time employee
		除く	のぞく	excluding
	＊	資本金	しほんきん	capital
		(1)億円	おくえん	(a) hundred million yen
	＊	上場証券取引所	じょうじょうしょうけんとりひきじょ	stock listing
	＊	東証一部	とうしょういちぶ	the first section of the Tokyo Stock Exchange
	＊	決算期	けっさんき	accounting period

〈社長メッセージ〉

		語彙	読み方	英訳
		美しい	うつくしい	beautiful
		豊かな	ゆたかな	rich (in quality)
		信念	しんねん	belief
		活動	かつどう	activity
		存在する理由	そんざいするりゆう	reason for existence
	＊	創業者	そうぎょうしゃ	founder
	＊	理念	りねん	idea, philosophy
		具現化する	ぐげんかする	to crystallize
	＊	品質向上	ひんしつこうじょう	quality improvement
		最新	さいしん	the latest
	＊	研究開発	けんきゅうかいはつ	research and development
		きめ細かい	きめこまかい	careful, with attention to detail
	＊	接客	せっきゃく	service, hospitality
	＊	販売システム	はんばいしすてむ	sales system
	＊	お客様	おきゃくさま	customer
		カウンセリング	かうんせりんぐ	counseling
		〜ならでは	ならでは	distinctive of 〜

✓	＊	語彙	読み方	英訳
		発展	はってん	development
		原動力	げんどうりょく	driving force, moving force
		〜はもとより	はもとより	not to mention
		海外	かいがい	abroad, overseas
	＊	社会貢献活動	しゃかいこうけんかつどう	social action program
		広げる	ひろげる	to expand
		介護施設	かいごしせつ	nursing home
		医学	いがく	medicine, medical science
	＊	解決する	かいけつする	to solve
		あざ	あざ	bruise
		傷あと	きずあと	scar
		美容セミナー	びようせみなー	beauty seminar
		愛される	あいされる	to be loved
	＊	持続可能な	じぞくかのうな	sustainable
		一層	いっそう	further
	＊	目指す	めざす	to aim
	＊	第一	だいいち	first
		言うまでもない	いうまでもない	needless to say
		今後も	こんごも	from now on
		探求する	たんきゅうする	to search

■ 語彙チェック（知っている語彙は何パーセント？）　　　約　　　％

【参考】

参考例文です。自分でも例文を作ってみましょう。

ならでは：他にはない、独自の
例）その企業ならではの商品を開発することが重要である。
例）留学生ならではの物の見方がある。

〜はもとより：〜だけでなく
例）結果はもとより、過程も大切にすべきだ。
例）社長の送り迎えはもとより、滞在中のアテンドをするように言われた。

<u>**一層（いっそう）**：より、さらに、前よりも程度が増すこと</u>

例）お客様への一層のサービスを心がけていきたい。

例）不景気で一層の改革が必要となってきた。

<u>**言うまでもない**：わかっていることなので、言う必要がない</u>

例）グローバルコスメ社を支えるのは、絶え間ない研究開発であることは言うまでもない。

例）海外進出を目指すなら、現地調査をきちんと行うことが大切であることは言うまでもない。

Task 3　読 & 書

グローバルコスメ社の企業概要（一部）と社長メッセージを読んでみましょう。そして1から3のタスクをしてください。

企業概要

名称	株式会社 グローバルコスメ　Global Cosmetics, Co. Ltd.
創業	1958年（昭和33年）
代表者	代表取締役社長　橘一成
本社所在地	東京都港区三本木5-2-1
従業員	6,370名（20XX年3月末 嘱託・パートを除く）
資本金	535億円
上場証券取引所	東証一部
決算期	3月末

社長メッセージ

　グローバルコスメは、化粧品がすべての人を美しくできる、そして、それが豊かな生活、社会へつながるという強い信念のもと、これまでさまざまな活動を進めてまいりました。化粧品を通じての社会への貢献こそがグローバルコスメが存在する理由であり、創業者の理念を具現化したものです。

　品質向上のための最新の研究開発、きめ細かい接客を原則とした販売システム、お客様一人一人に対するカウンセリングなどは、グローバルコスメならではのものであり、会社発展の原動力となっています。これまでの日本での活動はもとより、現在は、海外においても積極的な企業展開や社会貢献活動を広げています。例えば、アジアの病院や介護施設において、医学では解決できないあざや傷あとのケアのために美容セミナーを行っております。

　世界中のお客さまに愛されるブランドをお届けすることを使命とし、持続可能な企業へと一層発展することを目指しております。化粧品をつくる会社であるからこそ、お客様の安全を第一に考えるのは言うまでもありません。今後も体にやさしい化粧品を探究してまいります。

Lesson 1

1. 次の点についてメモを作ってください。①から⑤の該当部分に下線を引いてもかまいません。

①信念	〈メモ〉
②企業の存在理由	〈メモ〉
③発展の原動力	〈メモ〉
④海外での主な活動	〈メモ〉
⑤その他（使命、目指していることなど）	〈メモ〉

2. 母語または日本語で読んだ内容を説明してください。

3. グローバルコスメ社に対して、関心を持った点はありますか。ある場合は特にどのような点に関心を持ったか述べてください。

Task 4 調 & 書

就職を希望する企業、あるいは取引をしたい企業を一つ選び、①企業理念、②会社概要、③会社所在地、④求める人材についてインターネット等から情報を収集し、簡潔に説明するためにメモを作成してください。

メモ　例)

①技術革新と製品開発を通じて持続可能な社会の構築に貢献する

②（株）梅上電工
　　創業：1920年（大正9年）　代表者：梅上洋二
　　資本金：1200億円　従業員数：42,549名
　　連結従業員数：400,512名

③本社：東京
　全国各事業所（事業部、研究所、開発本部、支社）、海外事業所

④チャレンジ精神に富み、信念をもって行動できる人

〈メモ〉

Task 5 考 & 書

就職・転職活動をしようとしている人は、タスク4の企業を想定してください。

1. 就職活動では自己分析を求められることがあります。以下の①から⑤について自己分析をしながらメモ欄に記入してください。クラスメートがいる場合は書いた内容について話し合ってみましょう。

①長所
　短所
　得意分野
　これまでに打ち込んできたこと

②志望理由
　入社後に自分が活躍できること

③5年後になりたい自分

④日本で、あるいは自国の日系企業に就職をしたいと思った理由

⑤これまでに興味・関心を持った日本事情や日本人について

〈メモ〉

2. メモをもとに、エントリーシートに記入してください。

○○社　○○年採用エントリーシート（例）

基本情報

フリガナ		生年月日	年　　月　　日（　　歳）
氏　名		電話番号	
性別	男　・　女	国　籍	
E-mail	@		
フリガナ 住　所			
学校名		学部・学科		学科・専攻	

プロフィール

● ゼミ・研究テーマ

● 学生時代に力を入れて取組んだこと

● 長所・短所

● その他、資格やPRなど

志望動機／就職活動状況

● 弊社を志望された理由

● 希望する職種とその理由
□営業職　　□技術職　　□事務職　　□その他（　　　　　　　）
【理由】

● 希望されている業界
□メーカー　　□金融・証券　　□商社　　□コンサルティング　　□サービス □その他（　　　　　　　）
【理由】

● 就職先の選択基準

※エントリーシートにご記入頂いた内容は弊社の個人情報保護方針に基づき○○年度の新卒採用活動以外の目的には使用いたしません。選考終了後は弊社規程に基づき処分致します。

語彙と表現 3 　覚

次の語彙はこれから聞く自己アピールと人事担当者の感想に入っています。
＊はビジネスでよく用いられる語彙です。知らない単語には✓をつけてください。

✓	＊	語彙	読み方	英訳
		優秀な	ゆうしゅうな	excellent
		成績	せいせき	grade (academic), assessment
	＊	日系企業	にっけいきぎょう	Japanese company abroad
		翻訳	ほんやく	translation
		アルバイト	あるばいと	part-time job
		知人	ちじん	acquaintance
	＊	内情	ないじょう	inside information
	＊	御社	おんしゃ	your company
	＊	経営理念	けいえいりねん	corporate principles
		共感	きょうかん	sympathy
		進出	しんしゅつ	advancement (abroad)
		特殊な	とくしゅな	special
		用語	ようご	term
		やる気	やるき	motivation
		平均レベル	へいきんれべる	average (level)
		抽象的な	ちゅうしょうてきな	abstract
	＊	研修	けんしゅう	training
		育つ	そだつ	to grow up

■ 語彙チェック（知っている語彙は何パーセント?）　　　約　　　％

Lesson 1　21

Task 6　聴 & 読

1. これから陳青(チンセイ)さんという学生が面接の際に行った自己アピールを聞いてください。人事担当者になったつもりで聞いてみましょう。

2. 次に示すのは、先ほど聞いた陳青さんの自己アピールです。改善する必要があるとしたらそれはどの部分でしょうか。下線を引いてください。

> 　　陳青と申します。どうぞよろしくお願い致します。
>
> 　私は、中国の上海にある華星大学を卒業いたしました。華星大学は中国トップクラスに入る名門で、大変優秀な学生が集まっています。
>
> 　私は成績が良かったので、学生時代から日系企業で翻訳のアルバイトをすることができました。上海の日系企業には知人も多く、内情にも詳しいですから、いろいろと聞いてください。
>
> 　御社の経営理念に大変共感を持っております。中国進出に向け、お役に立てる自信があります。日本語には全く問題はありません。一生懸命がんばりますので、どうぞよろしくお願い致します。

3. 陳青さんの自己アピールを聞いた人事担当者二人の感想です。これを読んで異なる視点があることを確認しましょう。

高木さん

　大変優秀な学生が集まっている大学なんて、わざわざ言う必要はないし、アルバイトをしていたくらいで上海の日系企業の内情に詳しいというのはどうかな。
　中国進出に役立てるって言いきってるけど、具体的に何かできるんだろうか。それに、日本語に全く問題がないって言うけど、本当にそうなのか、特殊な用語とかわかってるのかな。

阿部さん

　やる気はありそうだな。昨日の試験は平均レベルだったけど、大学の成績は優秀だったんだな。
　経営理念に共感を持つ、ってどの理念のことを指しているのか、はっきり言えばいいのに。ちょっと抽象的なアピールだな。
　日本語にも自信があるようだから、研修をしていけば育ってくれるかな。

〈メモ〉自由にメモをしてください。

高木さん	阿部さん

Task 7　書 & 話

関心のある企業を想定し、2分間の自己アピールをします。

1. 下記のメモを参考に、自身のメモを作ってください。

メモ　例）
関心のある業種または企業 ： 製造業　S社

自己アピールのポイントとそれぞれの具体例
① 主体性・協調性 → 新宿区在住のインドネシア人の子供たちに対する
　　　　　　　　　　ボランティア活動
② 責任感 → 3年間の宅配ピザのアルバイト経験（電話受付・配達）
③ 向上心 → 日本語力（スピーチコンテストの成績など）

〈メモ〉
関心のある業種または企業：
自己アピールのポイントとそれぞれの具体例
①

②

③

2. 2分間の自己アピールを録音してみましょう。

3. 録音を聞いて、次のチェックシートを使って自己アピールを評価してください。クラスメートがいる場合は、実際にやってみましょう。そして、クラスメートにも記入してもらい、それをもとにフィードバックをしてもらってください。

〈自己アピール チェックシート〉

当てはまるところに〇をつけましょう。

	よくできた	できた	あと少し	もう一度
	4	3	2	1
①内容（わかりやすさ、具体性）				
②構成（展開、つながり）				
③語彙の選択				
④聞きやすさ（発音、流暢さ）				
⑤アイコンタクト				
⑥その他【　　　】				

〈クラスメート用 チェックシート〉

クラスメートの自己アピールを聞いてください。
当てはまるところに〇をつけましょう。
そのあと、より良くするために、クラスメートにフィードバックをしてください。

	よくできた	できた	あと少し	もう一度
	4	3	2	1
①内容（わかりやすさ、具体性）				
②構成（展開、つながり）				
③語彙の選択				
④聞きやすさ（発音、流暢さ）				
⑤アイコンタクト				
⑥その他【　　　】				

複数の「自己アピール」を評価する場合は、チェックシートをコピーして使用してください。

Lesson 2 に入る前に… 登場人物：グローバルコスメ社で働く人々

このテキストには、グローバルコスメ社で働く次のような人たちが出てきます。「語彙と表現」は p.28 にあります。

草刈 健史
マーケティング部第 1 課 課員

年齢は32歳。入社10年目の中堅社員。神奈川出身。営業部第3課に5年間いた後、マーケティング部第1課に異動。1年間上海で研修を受けた経験がある。努力家でまじめ。マイペースで、プライベートを大切にしているように見える。趣味はワインとドライブ。大学時代は経済を専攻。社内では草健と呼ばれる。

王 美麗
マーケティング部第 1 課 課員

年齢は27歳。中途採用で入り、入社9か月目の新人。中国出身。8年前に来日し、日本語学校で日本語を学んだ後、東京の大学に進学し国際経営を専攻。卒業後、日本の商社に3年勤務。そこで日本と中国の商習慣や考え方の違いを知る。楽観的で立ち直りが早い。趣味はヨガと読書。村上春樹をこよなく愛する。

浅田 裕美
マーケティング部 部長

年齢は53歳。神戸出身。営業、人事、開発を渡り歩く。フランスとイギリスに駐在経験がある。英語、フランス語に堪能。鋭い洞察力と戦略は社内でも評判。短気な面もある。大学での専攻は経済。趣味はゴルフと旅行。

香川 瞬
マーケティング部第1課 課長

年齢は36歳。東京出身。大学では政治経済を専攻。社内研修制度で選抜され米国へ留学しMBAを取得。その後、サンフランシスコ支社に4年間勤務。香港にも2年間駐在をした経験があり、香港支社の立ち上げに携わる。幅広い知識と穏やかな人柄からか社外の人脈も広い。営業、開発を経験。趣味はテニスと音楽鑑賞。

稲本 卓也
技術開発部第2課 課員

年齢は34歳。草刈と同期入社。静岡出身。技術系で日々研究開発を行っている。専門はバイオケミカル。大学院卒。いつも白衣を着ているためか、物静かに見えるが、行動派の一面もある。学生時代は1年間休学し、友人とアジア諸国を旅した経験をもつ。趣味は旅行とトレッキング。ワインにも詳しい。

語彙と表現 　覚

＊はビジネスでよく用いられる語彙です。知らない単語には✓をつけてください。

✓	＊	語彙	読み方	英訳
		登場人物	とうじょうじんぶつ	characters
		グローバルコスメ社	ぐろーばるこすめしゃ	Global Cosmetics, Co. Ltd. (fictitious)
	＊	働く	はたらく	to work
		人々	ひとびと	people
		出る	でる	to appear
		草刈健史	くさかりたけし	(person's name)
		マーケティング部	まーけてぃんぐぶ	Marketing Dept.
	＊	第1課	だい1か	Section 1
	＊	課員	かいん	section member
		年齢	ねんれい	age
		32歳	32さい	32 years old
	＊	入社	にゅうしゃ	joining a company
	＊	10年目	10ねんめ	tenth year
	＊	中堅	ちゅうけん	mid-career
		神奈川	かながわ	Kanagawa Pref. (Japan)
		出身	しゅっしん	origin
	＊	営業	えいぎょう	sales
		5年間	5ねんかん	for 5 years
		後	あと	after
	＊	異動	いどう	transfer
		上海	しゃんはい	Shanghai (China)
	＊	研修	けんしゅう	training
	＊	受ける	うける	to receive
	＊	経験	けいけん	experience
		努力家	どりょくか	hard worker
		まじめ	まじめ	serious
		大切	たいせつ	important
		見える	みえる	to look, to seem
		趣味	しゅみ	hobby

✓	*	語彙	読み方	英訳
		大学時代	だいがくじだい	college days
		経済	けいざい	economics, economy
		専攻	せんこう	major
	*	社内	しゃない	in-house
		呼ぶ	よぶ	to call
		王美麗	おうびれい	(person's name)
	*	中途採用	ちゅうとさいよう	mid-career employment
		9か月目	9かげつめ	ninth month
	*	新人	しんじん	freshman
		中国	ちゅうごく	China
		8年前	8ねんまえ	eight years ago
		来日	らいにち	coming to Japan
		日本語学校	にほんごがっこう	Japanese language school
		学ぶ	まなぶ	to learn, to study
	*	商社	しょうしゃ	trading company
	*	勤務	きんむ	work
	*	商習慣	しょうしゅうかん	business custom
		考え方	かんがえかた	way of thinking
		違い	ちがい	difference
		知る	しる	to know, to learn
		楽観的	らっかんてき	optimistic
		立ち直りが早い	たちなおりがはやい	quick recovery
		読書	どくしょ	reading
		村上春樹	むらかみはるき	(person's name (famous novelist))
		こよなく	こよなく	deeply
		愛する	あいする	to love
		浅田裕美	あさだゆみ	(person's name)
		神戸	こうべ	Kobe (Japan)
	*	人事	じんじ	personnel affairs
	*	開発	かいはつ	development
		渡り歩く	わたりあるく	to go from one ... to another
	*	駐在経験	ちゅうざいけいけん	experience of residence
		英語	えいご	English
		堪能	たんのう	fluent, proficient

✓	*	語彙	読み方	英訳
		鋭い	するどい	sharp
		洞察力	どうさつりょく	ability to be insightful
	*	戦略	せんりゃく	strategy
		評判	ひょうばん	reputation
		短気な	たんきな	short temper
		面	めん	aspect
		旅行	りょこう	travel
		香川瞬	かがわしゅん	(person's name)
		政治経済	せいじけいざい	politics and economics
	*	社内研修制度	しゃないけんしゅうせいど	in-house training system
		選抜する	せんばつする	to select
		米国	べいこく	The United States of America
		留学する	りゅうがくする	to study abroad
		取得	しゅとく	acquisition
	*	支社	ししゃ	branch office
		香港	ほんこん	Hong Kong (China)
	*	立ち上げ	たちあげ	launch
		携わる	たずさわる	to engage in
		幅広い	はばひろい	broad
		知識	ちしき	knowledge
		穏やかな	おだやかな	gentle, calm
		人柄	ひとがら	person's character
	*	人脈	じんみゃく	human network
		音楽鑑賞	おんがくかんしょう	music appreciation
		稲本卓也	いなもとたくや	(person's name)
	*	技術開発部	ぎじゅつかいはつぶ	Technology Development Dept.
	*	同期	どうき	employee who joined the company in the same year
		静岡	しずおか	Shizuoka (Japan)
	*	技術系	ぎじゅつけい	engineering
		行う	おこなう	to do
		専門	せんもん	specialty
		大学院	だいがくいん	graduate school

✓	*	語彙	読み方	英訳
		～卒	そつ	graduated from
		白衣	はくい	white lab coat
		物静か	ものしずか	quiet
		行動派	こうどうは	active
		一面	いちめん	one aspect
		諸国	しょこく	countries
		詳しい	くわしい	familiar

■ 語彙チェック（知っている語彙は何パーセント?）　　約　　　％

読 & 書

5人の登場人物のプロフィールを読んで、項目ごとにまとめてみましょう。

	草刈健史	王美麗	浅田裕美	香川瞬	稲本卓也
① 現在の役職					
② 年齢と出身					
③ 大学での専攻と専門分野					
④ 職歴					
⑤ 性格					
⑥ 趣味					
⑦ その他					

Lesson 2　企画を立てる

目標

①会議の内容を聞いて、要点を理解できる。

②グラフを見て、現状を説明できる。

③会議の内容を整理して報告できる。

語彙と表現 　覚

次の語彙は、業績報告や現状を述べるときに必要なものです。後でタスクをする際に登場します。

＊はビジネスでよく用いられる語彙です。知らない単語には✓をつけてください。

✓	＊	語彙	読み方	英訳
		全員	ぜんいん	all members
		揃う	そろう	to assemble, to gather
		早速	さっそく	immediately
	＊	議題	ぎだい	agenda of a meeting
		入る	はいる	to go into
	＊	わが社	わがしゃ	our company
	＊	業績	ぎょうせき	achievement
	＊	部長会	ぶちょうかい	directors (Buchoo) meeting
	＊	報告	ほうこく	report
	＊	売上高	うりあげだか	sales amount
		(1)億円	おくえん	(a) hundred million yen
	＊	前年同期比	ぜんねんどうきひ	comparing to the same period last year
	＊	減	げん	decrease
		深刻な	しんこくな	serious
		状況	じょうきょう	condition, situation
	＊	マーケティング	まーけてぃんぐ	marketing
	＊	戦略	せんりゃく	strategy
	＊	急務	きゅうむ	urgent matter
		参考までに	さんこうまでに	for reference
	＊	売上推移	うりあげすいい	change in sales
	＊	グラフ	ぐらふ	graph
		原因	げんいん	cause
		化粧品	けしょうひん	cosmetics
	＊	ブランド(数)	ぶらんど(すう)	(number of) brands
		極めて	きわめて	extremely
		一因	いちいん	one factor
		現在	げんざい	at present

✓	*	語彙	読み方	英訳
		絞り込み(を行う)	しぼりこみ(をおこなう)	(to) limit something to
		必要を感じる	ひつようをかんじる	feel the necessity of
		カギ	かぎ	key
	*	各課	かくか	each section
		話し合う	はなしあう	to discuss
	*	ブランドフォーメーション	ぶらんどふぉーめーしょん	brand formation
		観点	かんてん	viewpoint
	*	絞り込む	しぼりこむ	to narrow down
	*	マーケット調査	まーけっとちょうさ	market research
		結果	けっか	result
		によると	によると	according to
		年代別	ねんだいべつ	classified by age group
		使用する	しようする	to use
		化粧水	けしょうすい	lotion
		異なっている	ことなっている	to be different
	*	価格重視型	かかくじゅうしがた	value (price)-focused type
		気になり出す	きになりだす	to become aware of
	*	効果重視	こうかじゅうし	effect-focused type
		傾向	けいこう	tendency
		顕著	けんちょ	significance
	*	差別化	さべつか	differentiation
		はっきりとした	はっきりとした	clear
		特徴	とくちょう	characteristics
		打ち出す	うちだす	to introduce
		高級化粧品	こうきゅうけしょうひん	expensive cosmetics (high quality)
		集約する	しゅうやくする	to bring together
		年齢層	ねんれいそう	age group
	*	路線	ろせん	line, direction
		最近の	さいきんの	recent
		自然志向	しぜんしこう	nature-oriented
		エコブーム	えこぶーむ	eco-boom

✓	＊	語彙	読み方	英訳
		自然派化粧品	しぜんはけしょうひん	natural cosmetics
	＊	強化する	きょうかする	to intensify, to focus on
		関心のある	かんしんのある	interested in
	＊	顧客	こきゃく	customer
	＊	取り込む	とりこむ	to take in
		悩む	なやむ	to worry
	＊	顧客層	こきゃくそう	customer group
	＊	確保する	かくほする	to get, to acquire
	＊	新規の	しんきの	new
		増やす	ふやす	to increase
		関連付ける	かんれんづける	to relate
		いずれにしろ	いずれにしろ	anyway
	＊	視点	してん	viewpoint
		そのあたりのこと	そのあたりのこと	such things
	＊	詰める	つめる	to speak more, to work out details
	＊	可能性	かのうせい	possibility
	＊	検討する	けんとうする	to consider

■ 語彙チェック（知っている語彙は何パーセント?）　　約　　　％

Task 1 聴

これからマーケティング部の会議を聞いてください。

1. 次の4つの点について、メモを取りながら聞いてみましょう。

①この会社の業績	〈メモ〉
②失敗の原因	〈メモ〉
③提案	〈メモ〉
④次の会議までにすること	〈メモ〉

2. メモした内容をクラスメートと確認してください。

Task 2 　話

次のグラフは、化粧品3社の年間国内売上高の推移を表しています。

〈ヒント〉

　　増加　　　減少　　　横ばい　　　右肩上がり

　　売上を伸ばす　　売上が落ちる　　傾向

各社の売上高の推移を説明してください。

①グローバルコスメ社

②カエー社

③コージー社

Task 3　聴 & 書

もう一度マーケティング部の企画会議の音声を聞いて、会議のプロセスを整理してみましょう。会社の現状と、マーケットの調査結果を踏まえて、解決のための提案が出されています。聞いてわからない場合は巻末のスクリプトを読んで答えてください。

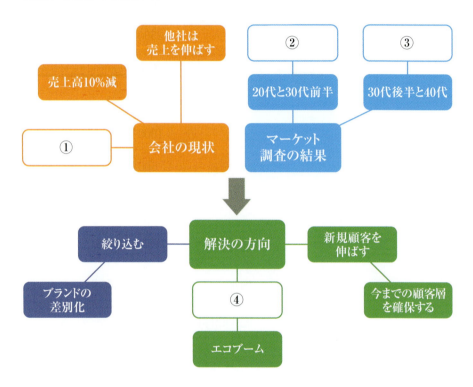

図の①〜④に言葉を入れてみましょう。

① (　　　　　　　　　　　　　　　　　　　　　　)

② (　　　　　　　　　　　　　　　　　　　　　　)

③ (　　　　　　　　　　　　　　　　　　　　　　)

④ (　　　　　　　　　　　　　　　　　　　　　　)

Task 4 　書 & 話

出張中の先輩社員（望月さん）に、会議の内容を簡単に伝えることになりました。口頭で伝える場合は2分で述べてください。メールで報告をする場合は実際にメールを書いてみましょう。

宛先：
CC ：
件名：

Task 5 　話

あなたは普段仕事（またはアルバイト）でメールを使っていますか。使っている人は何か困った経験がありますか。クラスメートまたは他の人に相談してみましょう。

コラム　読 & 話

次のコラムを読んでみましょう。語彙を見ながら読んでも構いません。
マーケティング部で働く王美麗さんの会議での経験です。

〈そういうことで〉

　私は入社して9か月が過ぎますが、今でも会議や打ち合わせで戸惑うことがあります。それは、「じゃ、そういうことで」「そのあたりでよろしく」という表現です。打ち合わせの終了時間に近づくと、ときどきそのような表現が使われますが、最初、私は何を指しているのかよくわかりませんでした。

　今、自分で理解していることは二つあります。一つ目は、これらの表現が、議論や打ち合わせが終結に近づくことを示している、ということです。二つ目は、「そういうこと」「そのあたり」ということが、議論の結論を指している場合もあることです。結論がわからないと困りますから、私は、「すみません、それは～ということでしょうか」と即座に聞き返すこともあります。打ち合わせ中にそれができない時は、終了後に、同僚などに聞いています。もちろん、聞かずに議事録を見て確かめることもあります。

　そんな私を見て上司の香川さんは、今理解できなくても、会社の文化に慣れていけば、次第にわかるようになることもある、と言っていました。また、先輩の草刈さんは、「そういうことで」という言葉を使って結論をあえてはっきり言わないことがある、と言っていました。白黒つけずにある程度の可能性や含みを残しているというのです。そういうときは、草刈さんでもピンとこないこともあるそうです。

　文脈によってその表現が何を指しているのか、判断をすることはなかなか難しいです。

1. 王さんは、会議でピンとこないことがあった場合、どのようにすると言っていますか。

2. あなたは、これまでに会議で似たような経験をしたことがありますか。その時、どうしましたか。クラスメートと意見交換をしましょう。

*はビジネスでよく用いられる語彙です。知らない単語には✓をつけてください。

✓	*	語彙	読み方	英訳
		戸惑う	とまどう	to be confused, to be puzzled
		表現	ひょうげん	expression
		終了時間	しゅうりょうじかん	end time
		近づく	ちかづく	to approach
		指す	さす	to point, to mean
		議論	ぎろん	discussion
		終結	しゅうけつ	ending
		示す	しめす	to show
		結論	けつろん	conclusion
		場合	ばあい	in this case
		即座に	そくざに	immediately
		聞き返す	ききかえす	to confirm
	*	同僚	どうりょう	colleague
	*	議事録	ぎじろく	agenda
		確かめる	たしかめる	to check, to make sure
		文化	ぶんか	culture
		慣れる	なれる	to get accustomed to
		次第に	しだいに	gradually
		あえて	あえて	dare (to do), intentionally
		白黒つけずに	しろくろつけずに	without saying clearly
		可能性	かのうせい	possibility
		含み	ふくみ	implication
		残す	のこす	to leave
		ピンとこない	ぴんとこない	to understand partly
		文脈	ぶんみゃく	context

■ 語彙チェック（知っている語彙は何パーセント?）　　　約　　　％

Lesson 3 居酒屋でコミュニケーションを図る

目標

①カジュアルな場面で話の目的や提案の内容を理解することができる。

②カジュアルな場面で人間関係を考慮しながら、会話を維持することができる。

③職場で生じた問題や悩みについて相談することができる。

語彙と表現 1 　覚

次の語彙は、就業後に会社での出来事や仕事について話すときによく使う語彙です。後でタスクをする際に登場します。
＊はビジネスでよく用いられる語彙です。知らない単語には✓をつけてください。

✓	＊	語彙	読み方	英訳
		居酒屋	いざかや	bar, pub
	＊	係長	かかりちょう	assistant manager
	＊	課長	かちょう	section manager
	＊	次長	じちょう	vice-director
	＊	部長	ぶちょう	(department) director
	＊	取締役	とりしまりやく	director
	＊	同僚	どうりょう	colleague
		同性	どうせい	same sex
		異性	いせい	different sex
	＊	先輩	せんぱい	senior (at school, company etc.)
	＊	後輩	こうはい	junior (at school, company etc.)
	＊	取引先	とりひきさき	client, business partner
		現在	げんざい	at present
		将来	しょうらい	in the future
		時事	じじ	current affairs
	＊	経済	けいざい	economics, economy
		政治	せいじ	politics
		事件	じけん	accident, incident
		環境	かんきょう	environment
		トレンド	とれんど	trend
		プライベートな	ぷらいべーとな	personal, private
		週末	しゅうまつ	weekend
		最近	さいきん	recently
		うわさ話	うわさばなし	rumor

■ 語彙チェック（知っている語彙は何パーセント？）　　　約　　　％

Lesson 3

Task 1 読 & 書 & 話

1. あなたは居酒屋へ行くことがありますか。居酒屋とは、手ごろな値段でお酒やご飯（和食が中心）を食べながら、親交を深めたり、意見交換をしたりするところです。日本以外の国に住んでいて、近くに居酒屋がない人は、日本食レストランを想定してください。

    □ある → 2へ　　□ない

2. あなたは誰と居酒屋へ行きますか。
    現在会社員の人は（A）に、学生の人は（B）に進んでください。

    ### (A) 現在会社員の人
    ①社内の人間
    　　□上司（係長、課長、次長、部長、取締役、その他）
    　　□同僚（同性・異性）　□先輩（同性・異性）　□後輩（同性・異性）
    　　□その他（　　　　　　　　　　　　　）

    ②社外の人間
    　　□取引先
    　　□大学の先輩（同性・異性）　□大学の後輩（同性・異性）
    　　□友人（日本人）　□友人（同じ国の人）　□友人（違う国の人）
    　　□その他（　　　　　　　　　　　　　）

    ### (B) 現在学生の人
    　　□大学の先輩（同性・異性）　□大学の後輩（同性・異性）
    　　□友人（日本人）　□友人（同じ国の人）　□友人（違う国の人）
    　　□その他（　　　　　　　　　　　　　）

3. 会社の上司や先輩と居酒屋へ行ったとき、あなたはどんなことを話しますか。

    　　□仕事に関係する話（現在の仕事、将来就きたい仕事など）
    　　□時事（経済、政治、事件、環境、スポーツ、トレンド、その他）
    　　□プライベートなこと（週末、恋人や好きな人、自分の家族、最近買った物、その他）
    　　□うわさ話
    　　□その他（　　　　　　　　　　　　　　　　　　　　　　　　）

4. あなたの居酒屋での体験について印象に残っていることを話してください。

語彙と表現 2 　覚

居酒屋での会話に出てくる語彙です。＊はビジネスでよく用いられる語彙です。知らない単語には✓をつけてください。力を試したい人はここをとばして、タスク2に進みましょう。

✓	＊	語彙	読み方	英訳
	＊	お疲れ（様）	おつかれ（さま）	(greeting to express one's thanks for effort, work etc.)
		自然派化粧品	しぜんはけしょうひん	natural cosmetics
		割と	わりと	comparatively
		エコブーム	えこぶーむ	eco-boom
	＊	高級路線	こうきゅうろせん	prestegious, high class (e.g. product)
	＊	売り上げ	うりあげ	sales
	＊	伸びる	のびる	to grow up, to increase
		高級感	こうきゅうかん	feeling of luxury
		出す	だす	to create, to produce
		可能な	かのうな	possible
	＊	企画	きかく	plan
	＊	集約化	しゅうやくか	consolidating
	＊	検討する	けんとうする	to consider
		プラス	ぷらす	plus
		有機栽培	ゆうきさいばい	organic farming

✓	*	語彙	読み方	英訳
		ハーブ	はーぶ	herb
		育てる	そだてる	to grow (plants or crops)
		農場	のうじょう	farm
		栽培する	さいばいする	to cultivate
		基礎化粧品	きそけしょうひん	basic cosmetics
		セレブ	せれぶ	celebrity
		ひそかに	ひそかに	secretly
		生産者	せいさんしゃ	producer
		前面	ぜんめん	front
	*	戦略	せんりゃく	strategy
	*	コンセプト	こんせぷと	concept
	*	原料	げんりょう	materials
	*	確保する	かくほする	to get, to secure
	*	技術的に	ぎじゅつてきに	technically
		ありきたり	ありきたり	ordinary
		思い切って	おもいきって	daringly
		手織り	ており	hand weaving
		出稼ぎ	でかせぎ	migrant
		東洋	とうよう	the Orient
		神秘	しんぴ	mystery
		グローバルな	ぐろーばるな	global
		実現する	じつげんする	to carry out, to realize

■ 語彙チェック（知っている語彙は何パーセント？）　　約　　　％

Task 2　聴 & 話

草刈さんと王さんは、自然派化粧品のことについて意見交換するために、草刈さんの同期の研究員である稲本さんを誘って居酒屋へ行くことにしました。3人の会話を聞いて質問に答えてください。

1. なぜ草刈さんは自然派化粧品について質問をしましたか。

2. この居酒屋で得たアイディアは何ですか。

コラム 読&話

次のコラムを読んでみましょう。語彙を見ながら読んでも構いません。

〈中堅社員はつらい?〉

私、草刈健史はグローバルコスメ社マーケティング部第1課課員で、入社10年目の中堅社員だ。うちの会社では、概ね入社4年目から中堅社員と言われている。会社という組織の一員として、新入社員の時とは異なることが期待されるようになった。

たとえば営業3課にいたときは、商品販売の業績目標が、新入社員の時より高く設定された。客先の新規開拓もリーダーシップを発揮し後輩を連れていくことが自分の役割となった。仕事のやり方も、上司の方針や目標を単に受動的に受け止めるだけでは十分ではなくなった。主体的に考え、自分で目標値を出すことも増えた。とにかく行動し、そしてその行動を振り返ることが大切だと言われるようになった。

マーケティング部に異動してからも、市場調査や開発商品のプレゼンテーションなどを自分で行うことが多くなった。

上司から期待されることがいろいろと増える一方、後輩社員からは相談も持ちかけられる。先日は、入社半年の井上から「学生時代に思い描いていたような仕事ができない。技術開発部に異動したい」と相談された。私は、まだ半年だからもう少し様子を見て、今のところでがんばるようにと言ったが、理系出身の井上の落ち込みははげしかった。心配になったので、香川課長に井上の様子を少し伝えておいた。

以前に比べて終身雇用制度を採らない会社が増え、中堅社員の役割も異なってきたようだが、依然として、上司と若手社員の橋渡しをすることが期待されていると思う。ますます忙しくなってきた今日このごろだ。

1. 草刈さんのいう中堅社員とはどのようなものでしょうか。簡潔にまとめましょう。母語で言っても構いません。

2. あなたの職場では、中堅社員にどのようなことが期待されていると考えますか。あなたが学生で身近に中堅社員がいるなら、意見を聞いてみてください。

＊はビジネスでよく用いられる語彙です。知らない単語には✓をつけてください。

✓	＊	語彙	読み方	英訳
	＊	中堅社員	ちゅうけんしゃいん	middle-aged employee, middle-level employee
	＊	入社	にゅうしゃ	entering a company, joining a company
		概ね	おおむね	roughly
	＊	組織	そしき	organization
	＊	新入社員	しんにゅうしゃいん	new employee
		異なる	ことなる	different
		期待する	きたいする	to expect
		たとえば	たとえば	for example
	＊	営業	えいぎょう	sales
	＊	商品販売	しょうひんはんばい	product sales
	＊	業績目標	ぎょうせきもくひょう	performance goals
	＊	設定する	せっていする	to place, to set
	＊	客先	きゃくさき	customer
	＊	新規開拓	しんきかいたく	new business development
		リーダーシップ	りーだーしっぷ	leadership
		発揮する	はっきする	to demonstrate
		後輩	こうはい	junior
		連れていく	つれていく	to take to 〜
		役割	やくわり	role
		やり方	やりかた	way of doing
	＊	上司	じょうし	boss
		方針	ほうしん	policy
		単に	たんに	merely
		受動的に	じゅどうてきに	passively
		受け止める	うけとめる	to catch, to understand
		主体的に	しゅたいてきに	actively, independently
	＊	目標値	もくひょうち	targeted value
		出す	だす	to set, to hand in
		増える	ふえる	to increase
		とにかく	とにかく	in any case, in the event

✓	＊	語彙	読み方	英訳
		行動する	こうどうする	to act
		振り返る	ふりかえる	to reflect
		大切	たいせつ	important
	＊	異動する	いどうする	to transfer
	＊	市場調査	しじょうちょうさ	market research
	＊	開発商品	かいはつしょうひん	developed product
	＊	プレゼンテーション	ぷれぜんてーしょん	presentation
		行う	おこなう	to do, to give (a presentation)
		相談を持ちかける	そうだんをもちかける	to seek consultations
		井上	いのうえ	(person's family name)
		学生時代	がくせいじだい	school days
		思い描く	おもいえがく	to image
		技術開発部	ぎじゅつかいはつぶ	Technology Development Dept.
		様子	ようす	appearance, atmosphere
		理系出身	りけいしゅっしん	graduating from a science and/or engineering course
		落ち込み	おちこみ	depression, weakening
		心配	しんぱい	worry, concern
		伝える	つたえる	to convey, to tell
		以前	いぜん	before, previously
		終身雇用制度	しゅうしんこようせいど	lifelong employment system
		依然として	いぜんとして	still
		ますます	ますます	further, increasingly
		忙しい	いそがしい	busy

■ 語彙チェック（知っている語彙は何パーセント？）　　　約　　　％

Task 3 聴

2つの会話を聞き、それぞれ、2人の関係と困っていることを次の表に書いてください。

	①女性同士の会話（梓と木山）	②男性同士の会話（健太と豪）
2人の関係		
困っていること		

Task 4 　話

1. 次の指示に従ってロールプレイをしましょう。

> **A**
> あなたは外国人社員の＊＊です。（＊＊に名前を入れてください）
> 仕事が終わり、会社を出たところで、まだあまり話したことがない川村課長に会いました。
> あなたから話しかけ、駅までの5分間、敬語を使って雑談をしながら一緒に帰ってください。
>
> 例）あっ、川村課長、お帰りですか。

> **B**
> あなたは、日本人社員で課長の川村です。
> 仕事が終わり会社を出たところで、面識はあるものの、まだあまり話したことがない外国人社員に会いました。
> 外国人社員が話しかけてきますので、駅までの5分間、雑談をしながら一緒に帰ってください。

2. 次の表現は、雑談をする際にしばしば使われる表現です。
   - ～さん、最近、仕事どうですか？
   - あのー、今朝のニュース、見ましたか？
   - 先日、～に行ってみたんですけど、
   - いやーこの間びっくりしたんですけど、
   - あっ、それ、使いやすそうですねー。

これらの表現で話を始め、3分間、雑談をしてみましょう。

Lesson 4 企画を具体化する

目標

①SWOT分析についての記事を読んで要点を整理できる。

②SWOT分析の結果を読んで理解することができる。

③商品を位置づけ、マーケティング戦略について議論ができる。

Task 1 　読

「SWOT（スウォット）分析」について知っていますか。経営やマーケティングでよく用いられる分析手法の一つです。会社は成長していかなければなりませんが、成長の壁があります。自社の事業環境を客観的に分析して、マーケティング戦略を立てていくことが重要です。以下を読み、SWOT分析の内容と目的を理解しましょう。SWOT分析の語彙リストはTask2の後ろにあります。

　　　SWOT分析とは、自社や特定の事業を取り巻く環境を「企業の内部要因の強み・弱み」「外部要因における機会・脅威」の4つの要素に分けて網羅的に把握するフレームワークです。SWOTは「強み (Strength)」、「弱み (Weakness)」、「機会 (Opportunity)」、「脅威 (Threat)」の頭文字を取ったものです。

　　　この分析ではまず、縦軸に内部要因・外部要因、横軸にプラス要因・マイナス要因を取り、マトリックスを作り、自社の経営環境を検討します。次に、マトリックスの各要素を組み合わせ、以下の4点を検討し具体的な戦略を考えていきます。
(1) 自社の強みをいかして取り込める事業機会は何か？（強み―機会）
(2) 自社の強みをいかして市場の脅威を回避できないか？（強み―脅威）
(3) 自社の弱みで事業機会を取りこぼさないためには何ができるか？
　　（弱み―機会）
(4) 自社の弱みと脅威が組み合わさって最悪の事態を招かないためには何ができるか？（弱み―脅威）

【SWOT分析のフレームワーク】

	プラス要因	マイナス要因
内部要因	(1) Strength 強み	(2) Weakness 弱み
外部要因	(3) Opportunity 機会	(4) Threat 脅威

Task 2 読&書

Task 1 で見た SWOT 分析をトヨタ自動車を例に考えてみましょう。

　日本最大の企業であるトヨタ自動車を例に考えてみましょう。同社は徹底して無駄を省き、高品質でコスト競争力の高い車を作る「トヨタ生産方式」を確立し、北米を中心にグローバル展開を積極的に行い、業績を伸ばしてきた会社です。
　強みは、効率的な生産システムを持ち、強固な財務体質を有している点。弱みは、リコール問題や、海外販売比率が高く、為替変動の影響を受けやすい点。また組織が巨大化している点。機会は、新興国市場の成長や低燃費車の需要拡大、材料価格の下落など。脅威は、新興国市場における競争激化、日本市場の縮小、参入障壁の低い電気自動車が普及する可能性などが挙げられます。
　こうして整理したSWOTを上記の4点で検討していくと、品質の改善を消費者へアピールすることや、新興国市場における低価格の低燃費車投入といった「戦略」が見えてきます。

1.「トヨタ自動車」に関するSWOT分析を下記のような表にしてください。

	プラス要因	マイナス要因
内部要因	(1) Strength 強み	(2) Weakness 弱み
外部要因	(3) Opportunity 機会	(4) Threat 脅威

2.「トヨタ自動車」のSWOT分析の結果、どのような戦略が見えてきましたか。

語彙と表現　覚

次の語彙は、SWOT分析を行うときによく使われます。会社や事業を取り巻く環境を述べるときに必要なものです。＊はビジネスでよく用いられる語彙です。知らない単語には✓をつけてください。

〈Task 1〉

✓	＊	語彙	読み方	英訳
	＊	SWOT分析	すうぉっとぶんせき	SWOT analysis
	＊	自社	じしゃ	one's company
		特定の	とくていの	specific
	＊	事業	じぎょう	business, enterprise
	＊	取り巻く環境	とりまくかんきょう	surrounding environment
	＊	内部要因	ないぶよういん	internal factor
	＊	強み	つよみ	strength
	＊	弱み	よわみ	weakness
	＊	外部要因	がいぶよういん	external factor
	＊	機会	きかい	opportunity
	＊	脅威	きょうい	threat
		要素	ようそ	element, factor
		分ける	わける	to divide
		網羅的に把握する	もうらてきにはあくする	to have a thorough understanding of
		フレームワーク	ふれーむわーく	framework
		頭文字	かしらもじ	capital letter, initial letter
	＊	縦軸	たてじく	vertical line
	＊	横軸	よこじく	horizontal line
	＊	プラス要因	ぷらすよういん	plus factor
	＊	マイナス要因	まいなすよういん	minus factor
	＊	マトリックス	まとりっくす	matrix
	＊	経営環境	けいえいかんきょう	management environment
	＊	検討する	けんとうする	to consider
		各要素	かくようそ	each element, each factor
		組み合わせる	くみあわせる	to combine
		以下の	いかの	below

✓	*	語彙	読み方	英訳
		(4)点	(よん)てん	(four) points
		具体的な	ぐたいてきな	concrete
		戦略	せんりゃく	strategy
		取り込める	とりこめる	to take in
	*	事業機会	じぎょうきかい	business chance
	*	市場	しじょう	market
		回避する	かいひする	to avoid
		取りこぼす	とりこぼす	to miss (e.g. an opportunity)
		最悪の	さいあくの	worst
		事態	じたい	situation
		招く	まねく	to result in

〈Task 2〉

✓	*	語彙	読み方	英訳
		最大の	さいだいの	biggest
		自動車	じどうしゃ	automobile
	*	同社	どうしゃ	the same company
		徹底する	てっていする	to do/make (it) completely to enforce (e.g. the cut in waste)
		無駄	むだ	waste
		省く	はぶく	to reduce (waste)
	*	高品質	こうひんしつ	high quality
	*	コスト競争力	こすときょうそうりょく	cost competitiveness
	*	生産方式	せいさんほうしき	production system
		確立する	かくりつする	to establish
		北米を中心に	ほくべいをちゅうしんに	mainly in North America
	*	グローバル展開	ぐろーばるてんかい	global development
		積極的に	せっきょくてきに	actively
	*	業績	ぎょうせき	business performance
		伸ばす	のばす	to grow, to expand
		効率的な	こうりつてきな	efficient
	*	生産システム	せいさんしすてむ	production system
		強固な	きょうこな	firm, strong
	*	財務体質	ざいむたいしつ	financial position
		有する	ゆうする	to have

✓	*	語彙	読み方	英訳
		リコール	りこーる	recall
		海外販売比率	かいがいはんばいひりつ	overseas sales ratio
		為替変動	かわせへんどう	change in foreign exchange rates
	*	影響を受ける	えいきょうをうける	be affected by
	*	組織	そしき	organization
		巨大化する	きょだいかする	to become larger
		新興国	しんこうこく	emerging countries
		成長	せいちょう	growth
		低燃費車	ていねんぴしゃ	fuel-efficient car
		需要拡大	じゅようかくだい	demand growth (expansion)
		材料価格	ざいりょうかかく	price of materials
		下落	げらく	fall (e.g. of price)
		競争激化	きょうそうげきか	severe competition
		縮小	しゅくしょう	shrinkage
		参入障壁	さんにゅうしょうへき	entry barrier
		電気自動車	でんきじどうしゃ	electric automobile
		普及する	ふきゅうする	to spread
		可能性	かのうせい	possibility
		挙げる	あげる	to list up
		整理する	せいりする	to organize (ideas)
		上記の	じょうきの	above mentioned
		改善	かいぜん	improvement
		アピールする	あぴーるする	to inform, to appeal (to)
		低価格	ていかかく	low price
		投入	とうにゅう	investment

■ 語彙チェック（知っている語彙は何パーセント?）　　約　　　％

Task 3 聴

グローバルコスメ社のマーケティング部の企画会議で SWOT 分析をしています。会議のはじめの部分を聞いてみましょう。この会議の目的は何ですか。

Task 4 覚 & 書

会議（前半）に出てくる表現です。それぞれの漢字の読みは□の中に書かれています。読み方を確認したあと、意味に注目して表を埋めてください。わからない表現には線を引き、意味を調べてください。

①危機　②優れた　③乱立　④実績がある
⑤逃す　⑥信頼感　⑦新機軸　⑧迷い　⑨安心感

〈上の単語の読み方〉
①きき　②すぐれた　③らんりつ　④じっせきがある
⑤のがす　⑥しんらいかん　⑦しんきじく　⑧まよい　⑨あんしんかん

「強み」を表す表現	「弱み」を表す表現

Task 5 　聴

SWOT分析の前半の部分を聞いてください。自然派化粧品の開発にあたり、グローバルコスメ社における「強み」と「弱み」には、どのようなものがあるでしょうか。それらについて話されている部分のメモをとりましょう。
聞いてわからない場合は、巻末のスクリプトを見ながら、該当箇所に下線を引いてください。

1. 強み（Strength）について

2. 弱み（Weakness）について

Task 6 聴

SWOT分析の後半の部分を聞き、要点をまとめてみましょう。自然派化粧品の開発にあたり、グローバルコスメ社の社員は、何を「機会」と「脅威」だと考えていますか。それらについて話されている部分のメモをとりましょう。
聞いてわからない場合は、ヒントや巻末のスクリプトを見ながら進めましょう。

1. 機会（Opportunity）について

2. 脅威（Threat）について

〈1.と2.のヒント〉
①ネットや口コミの影響　②ドラッグストアの販売量　③エコブーム
④30代〜50代のお客様　⑤新興国の成長支援　⑥特許請求の範囲
⑦原料　⑧技術開発

Task 7 聴 & 書

SWOT分析の会議をもう一度聞いて、それぞれの分析に当てはまる内容を入れてください。

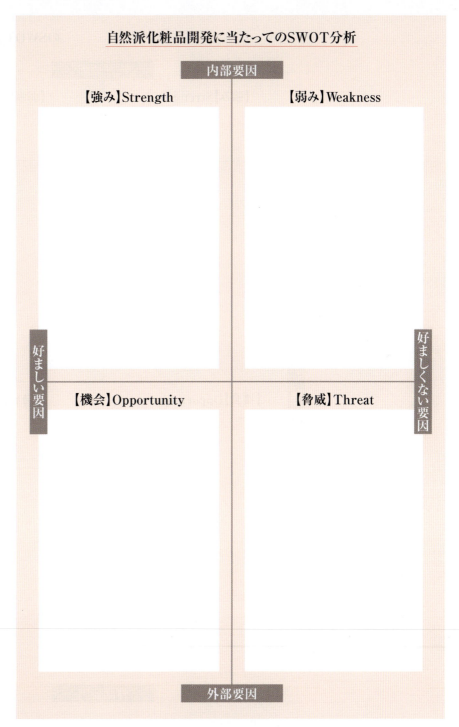

チャレンジ1 考 & 書

関心のある企業や商品を選んで実際にSWOT分析をしてみましょう。グループになって調べて発表してみてもいいです。分析の結果を話し合ってみましょう。

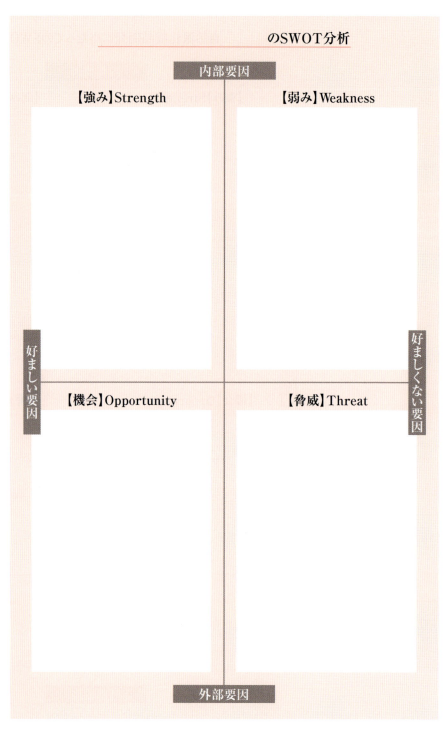

チャレンジ2　読＆書

次の文章を読んで問いに答えてください。

　　日用品業界では現在、長期的な売り上げの低迷や商品単価の下落に悩まされています。業界大手のＡ社ではこの苦しい状況を打開するため、従来の経営戦略の見直しを決定しました。新たな経営戦略の立案を担当するＡ社の経営企画部門のメンバーたちは、まずSWOT分析に着手しました。
　　Ａ社の「強み」は、日本国内ではブランドがよく知られていることや、タイムリーに商品を売り場に陳列できるサプライチェーンの整備、消費者のニーズを反映させた新製品の開発力、それらの根底となる社員に対する経営理念の浸透などがあげられます。
　　「弱み」は、リスクを重く見過ぎて海外進出に出遅れてしまい海外での認知度が低いことや、デジタルメディアを通じたマーケティング活動があまり機能していないこと、低価格品のイメージが強く価格の高い高機能製品ではシェアが低いことなどがあげられます。
　　「機会」は、消費者の環境意識向上によるエコ対応製品や、消費者の健康意識向上による高機能製品の人気の高まり、アジアを中心とした新興国の成長です。
　　「脅威」は、日本国内における長期的な日用品の価格下落と市場の飽和、海外有名ブランドの日本におけるシェア拡大、インターネットの利用時間が長くテレビCMの情報が届かない顧客層の増大です。
　　では、次に「戦略」を考えていきましょう。ここで、「強みをいかして機会を取り込む」という視点に立つと、強みであるサプライチェーンを構築する形での新興国市場進出が考えられます。「強みをいかして脅威を回避」という視点では、新しいコンセプトの新製品を投入し、新たな国内需要を掘り起こすこと。「弱みで事業機会を取りこぼさない」では、高機能製品が強いブランドの買収。「弱みと脅威が組み合わさって最悪の事態を招かない」ではデジタルメディアを通じたマーケティングに力を入れ、テレビCMでは届かない顧客層にアプローチすることが考えられるでしょう。
　　次に、どの戦略に限られた経営資源を配分し、実行するかを検討する必要があります。そこで重要になるのが経営目標です。経営目標の達成にはどの戦略が有効かという基準で、取るべき戦略を判断していきます。

1. 次の表は、SWOT分析の内容を整理したものです。空欄を埋めてください。

	プラス要因	マイナス要因
内部要因	Strength 強み ●ブランド認知度の高さ ●サプライチェーン ● ●社員への経営理念浸透	Weakness 弱み ● ●デジタルメディア対応の弱さ ●高価格帯製品のシェアの低さ
外部要因	Opportunity 機会 ● ●高機能製品の人気の高まり ●新興国の成長	Threat 脅威 ●市場の飽和と価格の下落 ●海外有名ブランドのシェア拡大 ●

2. 次の質問について答えてください。

①強みをいかして取り込める事業機会とは何ですか。

___

②強みをいかして脅威を回避するための方策は何ですか。

___

③弱みで事業機会を取りこぼさないための方策は何ですか。

___

④弱みと脅威で最悪の事態を招かないための方策は何ですか。

___

Lesson 5 プレゼンテーションをする

目標

①アイディアや問題を整理し、わかりやすいプレゼンテーションの資料を準備できる。

②分析結果をもとに、上司にプレゼンテーションできる。

③プレゼンテーションの内容を踏まえて質問や提案ができる。

Task 1 考

マーケティング部第1課では、これまでの会議で検討した新しいブランド戦略について次回の経営会議(注)でプレゼンテーションをすることになりました。プレゼンテーションの目的は、自然派高級化粧品の開発を提案し、新ブランド戦略として商品化を決定してもらうことです。あなただったらどの順でプレゼンテーションを組み立てますか。②～④に数字をそれぞれ入れてください。

①[1] 最近の市場の動向はどうなっているのか

②[   ] なぜ、今、新しいブランド戦略が必要なのか

③[   ] 新しいブランドからどのような企業イメージが生まれるのか

④[   ] どのようなブランドを立ち上げるべきか

⑤[5] 新ブランドの製品化が実現可能な根拠は何か

(注) 経営会議
経営会議は、通常、執行役員で構成され、企業の経営方針や経営戦略など、経営上の重要事項を協議し、適切な判断や意思決定を行う会議です。

Task 2 読 & 考

これから聞くプレゼンテーションで使用される表現を学習しましょう。
次の①から⑧はプレゼンテーションの流れを示しています。a から h は、①から⑧のどこで使われるでしょうか。1つずつ選んで（　）に記入してください。

① 本日のプレゼンテーションの内容 ……………………（　　　）
② プレゼンテーションの流れ ……………………………（　　　）
③ 最近の市場動向と売上減少に転じた理由 ……………（　　　）
④ 販売チャネルの種類 ……………………………………（　　　）
⑤ 販売チャネル別売上推移 ………………………………（　　　）
⑥ ブランド展開の経緯 ……………………………………（　　　）
⑦ 分析結果 …………………………………………………（　　　）
⑧ 終わりに …………………………………………………（　　　）

a. 以上のことから、～を提案した次第です。

b. 3種類が主流です。

c. このような現状からアクションを起こすために、
　 ～についての分析を試みました。

d. この理由は、売り上げが頭打ち状態になっていることに加え、
　 ～が影響していると考えます。

e. ～についてご説明いたします。

f. はじめに、最近の市場動向とわが社の現状をご報告致します。
　 続きまして、～。最後に～の順でお話し致します。

g. これまでのわが社の～を振り返ってみたいと思います。

h. ～年を境に売り上げが落ちていることは明らかです。

Task 3 聴 & 書 & 話

はじめに王さんのプレゼンテーションをすべて聞いてみましょう。次に個々のスライドを見ながら聞いて、指示にしたがって、王さんになったつもりで話してみましょう。

1. 話すために内容をメモしてください。

〈メモ〉

2. 次の指示に従って、王さんになったつもりで話してください。

①自己紹介をしてください。

②プレゼンテーションの内容について、次のことばを使って述べてください。
●検討を重ねて

1. 話すために内容をメモしてください。

〈メモ〉

2. 次の指示に従って、王さんになったつもりで話してください。

①次のことばを使って、このプレゼンの流れを説明してください。
　●はじめに　●次に　●続きまして　●最後に

1. 話すために内容をメモしてください。

〈メモ〉

2. 次の指示に従って、王さんになったつもりで話してください。

　①次のことばを使って、市場規模の推移を説明してください。
　　●増加　　●減少

　②2009年に減少した理由を、次のことばを使って述べてください。
　　●伸び率　　●頭打ち状態　　●〜に加え　　●〜が原因と考えます

スライド4

1. 話すために内容をメモしてください。

　　〈メモ〉

2. 次の指示に従って、王さんになったつもりで話してください。

　　①次のことばを使って、3種類の販売チャネルについて述べてください。
　　　●従来　●中心　●成長

　　②次のことばを使って、各販売チャネルの特徴を述べてください。
　　　●価格帯　●流行　●開発　●影響　●商品サイクル

1. 話すために内容をメモしてください。

   〈メモ〉

2. 次の指示に従って、王さんになったつもりで話してください。

   ①次のことばを使って、スライドのグラフに注目させてください。
   　●こちらの　●ご覧ください

   ②次のことばを使って、チャネル別の売り上げの推移を述べてください。
   　●伸びている　●順調に　●落ちている　●明らか

1. 話すために内容をメモしてください。

〈メモ〉

2. 次の指示に従って、王さんになったつもりで話してください。

①次のことばを使って、90年代までのグローバルコスメの戦略について説明してください。
　　●以来　　●進めました　　●入りますと　　●取り組みました

②次の言葉を使って、2000年以降に起きた問題点について述べてください。
　　●その結果　　●〜にもかかわらず　　●それに代わる

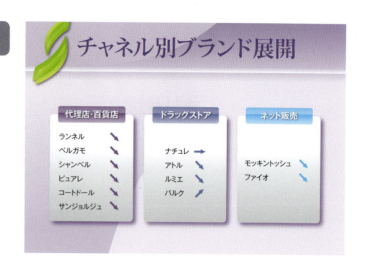

1. 話すために内容をメモしてください。

〈メモ〉

2. 次の指示に従って、王さんになったつもりで話してください。

   ①次のことばを使って、グローバルコスメのチャネル別ブランドのラインナップについて説明してください。
      ●～ごとに　●整理したもの　●集中している　●展開している

   ②次のことばを使って、グローバルコスメのブランド展開の問題点について述べてください。
      ●押され気味　●見られません　●期待したい　●苦戦しています

1. 話すために内容をメモしてください。次ページの語彙リストを見ながらでも構いません。

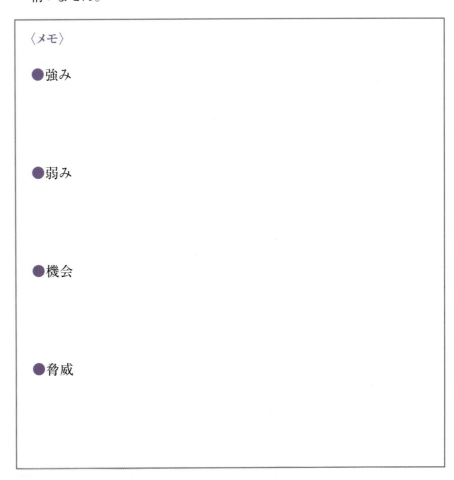

2. メモをもとに分析した結果を述べてください。

【SWOT分析に関する語彙】

以下の語彙は、スライド8のSWOT分析の際に出てくるものです。＊はビジネスでよく用いられる語彙です。知らない単語に✓をつけてください。

✓	＊	語彙	読み方	英訳
		培う	つちかう	to cultivate
		ブランドイメージ	ぶらんどいめーじ	brand image
		安心感	あんしんかん	(sense of) safety
	＊	信頼感	しんらいかん	(sense of) trust
		優れた	すぐれた	superior
	＊	研究開発力	けんきゅうかいはつりょく	research and development capacity
		マスメディア	ますめでぃあ	mass media
		プロモーション	ぷろもーしょん	promotion
	＊	実績	じっせき	(past) result
	＊	落ち込み	おちこみ	recession, decrease
	＊	ユーザー離れ	ゆーざーばなれ	user disinterest
		乱立する	らんりつする	to be scattered
	＊	販売チャネル	はんばいちゃねる	channel of sales
	＊	代理店	だいりてん	agent, distributor
	＊	店頭販売	てんとうはんばい	over-the-counter sale (OTC sale)
		限定する	げんていする	to limit
		エステサロン	えすてさろん	esthetic salon
		好評	こうひょう	good reputation
	＊	参入する	さんにゅうする	to enter, to go into, to join
		口コミ	くちこみ	(by) word of mouth
	＊	影響力	えいきょうりょく	influence
	＊	販路	はんろ	market
		容易に	よういに	easily
	＊	拡大する	かくだいする	to expand, to develop
	＊	原材料	げんざいりょう	raw material
		供給元	きょうきゅうもと	provider
		農場	のうじょう	farm
	＊	提携	ていけい	affiliation
		新興国	しんこうこく	emerging country

✓	*	語彙	読み方	英訳
		農業開発支援	のうぎょうかいはつしえん	agricultural development aid
		向上	こうじょう	improvement, enhancement
		新規の	しんきの	new
	*	海外法人	かいがいほうじん	foreign company, alien corporation
		特許請求	とっきょせいきゅう	claim for a patent
		懸念	けねん	anxiety, worry
		技術開発過程	ぎじゅつかいはつかてい	technical development process
		情報漏洩	じょうほうろうえい	information leak
		継続的な	けいぞくてきな	continuous
	*	確保	かくほ	securing
		原油価格	げんゆかかく	cost of crude oil
		高騰	こうとう	rising (price), escalating
	*	世界同時不況	せかいどうじふきょう	worldwide recession

■ 語彙チェック（知っている語彙は何パーセント?）　　　約　　　％

スライド 9　新ブランドの提案　高級自然派化粧品

1. 話すために内容をメモしてください。

〈メモ〉

2. 次の指示に従って、王さんになったつもりで話してください。

①次のことばを使って、これから結論を述べる予告をしてください。
　●分析により　●達しました

②次のことばを使って、新ブランドを提案してください。
　●挙げられている　●中心に　●立ち上げる

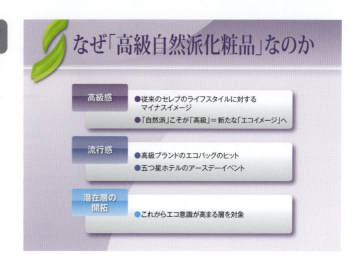

1. 話すために内容をメモしてください。

〈メモ〉

2. 次の指示に従って、王さんになったつもりで話してください。

①次のことばを使って「高級感」が新ブランドのコンセプトとしてふさわしい理由を説明してください。
●生まれる　●つながり

②次のことばを使って「流行感」が生まれる根拠を説明してください。
●超人気商品　●話題　●ファッション化

③次のことばを使って「潜在層の開拓」の可能性を説明してください。
●既に　●余地

④次のことばを使って新ブランドの立ち上げを提案した理由の説明を終了してください。
●以上のことから　●として　●次第です

スライド 11

1. 話すために内容をメモしてください。

〈メモ〉

2. 次の指示に従って、王さんになったつもりで話してください。

①新しいブランドはどのような層に何を提案するのか述べてください。

②新しいブランドはどのような方法でどのようなイメージを打ち出すのか述べてください。

③そのイメージが支持される根拠を述べてください。

1. 話すために内容をメモしてください。

   〈メモ〉

2. 次の指示に従って、王さんになったつもりで話してください。

   ①このプロジェクトが企業イメージの向上につながる理由を述べてください。

   ②高級ブランドとアジアが結びついていることの例を挙げてください。

1. 話すために内容をメモしてください。

〈メモ〉

2. 次の指示に従って、王さんになったつもりで話してください。

　①提携可能な農場について説明してください。

　②この農場に関して得た情報と、その後働きかけた経過を説明してください。

　③プレゼンテーションを終了させ、質疑応答に入ることを伝えてください。

語彙と表現　覚

次の表現は、質疑応答によく使われる表現です。覚えておきましょう。

プレゼンテーションを評価する表現

【一般的なもの】
- 簡潔でわかりやすい説明をありがとうございました。
- 企画の趣旨が大変よくわかりました。

【上司から部下へ】
- なかなかいい／面白いプレゼンだったね。
- エコについてはB社も同じようなことを考えていたが、B社よりも高級化粧品に絞ったという着眼点がいいな。

質問をするときの前置き

- 質問が3点ありますが、よろしいですか。まず、1点目は…。
- 説明を聞き逃していたらすみません。
- 4枚目のスライドに関してですが…。
- 自然派化粧品に注目した理由について、もう少し詳しく聞きたいのですが…。

質問に答えるときの前置き

- はじめのご質問についてお答えします。
- ご質問は、～ということでしょうか。
- 先ほどの説明に、少し補足いたします。
- このような選択をした経緯について、簡単にご説明します。

Task 4　聴 & 話

質疑応答の例を聞いてみましょう。どのような質問にどのように答えていたか、要点を説明してください。

Task 5 読 & 書

1. あるテーマについて、提案を行うプレゼンテーションを準備しましょう。スライドを自分で作ってみてください。その後、次の項目に沿って、内容と形式をセルフチェック（✓）してみましょう。

   あなたの提案：＿＿＿＿＿＿＿＿＿＿＿＿＿＿＿＿＿＿＿＿＿＿

   〈プレゼンテーションのためのチェック項目〉
   【内　容】□わかりやすいか　□資料が十分に示されているか
   【構　成】□わかりやすいか　□一貫性があるか
   【スライド】□情報量は適切か　□誤字・脱字はないか
   　　　　　□文字の大きさは適切か　□スライドは見やすいか
   　　　　　□図やグラフは効果的に使われているか

2. プレゼンテーションを聞いてから、議論してみましょう。

   クラスメートのプレゼンテーションを聞き、次の項目について、メモをしてください。
   ●プレゼンテーションの目的
   ●現状と問題点
   ●新しい提案

3. メモした内容をもとに、もっと詳しく知りたいことや疑問に思うことを聞いてみましょう。新しく得られた情報をメモしましょう。

4. クラスメートのプレゼンテーションや議論を踏まえて、あなたのプレゼンテーションをチェック項目を利用して見直しましょう。

   【内　容】□わかりやすいか　□資料が十分に示されているか
   【構　成】□わかりやすいか　□一貫性があるか
   【スライド】□情報量は適切か　□誤字・脱字はないか
   　　　　　□文字の大きさは適切か　□スライドは見やすいか
   　　　　　□図やグラフは効果的に使われているか

自己評価／Self Assessment

言語的・文化的体験の記録

スクリプト・解答

自己評価 Self Assessment [Lesson 1 / Lesson 2]

あなたは、次のことが日本語でどれくらいできますか。チェックしてみましょう。それぞれの項目について、0、1、2を書き込んでください。その後、引き続き目標にしたい項目があれば、チェック（✓）をしてください。

0【できない】　1【助けがあればできる】　2【簡単にできる】　✓【目標にしたい】

Lesson 1　企業の求める人材を知る

自己評価　0・1・2　✓

1. 企業ガイダンスにおいて、自分の専門分野や関心の範囲で、話を聞いて理解できる。　【　】□
2. 就職を希望する会社や関心のある企業のホームページ、あるいはパンフレットに書かれた簡潔な会社概要を読んで、十分に理解できる。　【　】□
3. 企業やビジネスに関する専門雑誌に目を通し、関連する事項が書かれた長い複雑な文章を把握することができる。　【　】□
4. 求人雑誌やホームページ、企業概要についての、ある程度長い文章にざっと目を通し、条件や仕事内容、企業理念や規模など、就職活動のために必要な情報を収集できる。　【　】□
5. 長所や短所をはじめ、簡単な自己PR文を、就職のための提出資料（エントリーシートを含む）に書くことができる。　【　】□
6. 就職面接の場で、これまでの経験、自分の関心のある分野、希望する職種などについて、事項を補足しながら、関連事例を挙げ、自己アピールをすることができる。　【　】□

Lesson 2　企画を立てる

自己評価　0・1・2　✓

1. 会議などで母語話者同士の活気に富んだ会話についていくことができる。　【　】□
2. 社内会議などで、企業の販売実績や市場の動向を表すグラフを見ながら、現状を説明することができる。　【　】□
3. 参加した会議の内容を理解して、参加していない人に明瞭で簡潔なメールを書いて報告することができる。　【　】□
4. 参加した会議の内容を理解し、参加していない人に対して、口頭で明瞭に報告することができる。　【　】□
5. 参加した会議の内容を理解し、参加者から出た色々な情報や議論をまとめて議事録を書くことができる。　【　】□

Self Assessment [Lesson 3 / Lesson 4]

Lesson 3　居酒屋(いざかや)でコミュニケーションを図(はか)る

自己評価 0・1・2 ✓

1　仕事(しごと)の後(あと)、カジュアルな場面(ばめん)（食事(しょくじ)の場(ば)など）で同僚(どうりょう)や上司(じょうし)が話(はな)している内容(ないよう)を聞(き)いて、その議論(ぎろん)の要点(ようてん)を理解(りかい)できる。【　】☐

2　仕事(しごと)の後(あと)、カジュアルな場面(ばめん)（食事(しょくじ)の場(ば)など）で同僚(どうりょう)や上司(じょうし)と話(はな)す時(とき)に、自分(じぶん)の意見(いけん)を説明(せつめい)したり、会話(かいわ)を維持(いじ)したりできる。【　】☐

3　昼休(ひるやす)みや帰(かえ)り道(みち)などで、上司(じょうし)や他(ほか)の部署(ぶしょ)の人(ひと)と一緒(いっしょ)になった時(とき)に、お互(たが)いに緊張(きんちょう)を強(し)いることなく、普通(ふつう)の対話(たいわ)や関係(かんけい)が維持(いじ)できる程度(ていど)に、流暢(りゅうちょう)かつ自然(しぜん)に対話(たいわ)ができる。【　】☐

4　仕事上(しごとじょう)の問題(もんだい)について論(ろん)じられている非公式(ひこうしき)の議論(ぎろん)に積極的(せっきょくてき)に参加(さんか)し、コメントしたり、視点(してん)をはっきり示(しめ)すことができる。また、代案(だいあん)を評価(ひょうか)すること、仮説(かせつ)をたてたり、それに対応(たいおう)することができる。【　】☐

Lesson 4　企画(きかく)を具体化(ぐたいか)する

自己評価 0・1・2 ✓

1　抽象的(ちゅうしょうてき)で複雑(ふくざつ)、かつ未知(みち)の話題(わだい)でも、社内会議(しゃないかいぎ)などにおいての第三者間(だいさんしゃかん)の複雑(ふくざつ)な対話(たいわ)を聞(き)いて理解(りかい)することができる。【　】☐

2　マーケティングにおけるSWOT分析(ぶんせき)など、特定(とくてい)の視点(してん)から取(と)り上(あ)げられた分析(ぶんせき)記事(きじ)を読(よ)んで理解(りかい)できる。【　】☐

3　母語話者同士(ぼごわしゃどうし)の活発(かっぱつ)な議論(ぎろん)を聞(き)いて理解(りかい)でき、支持側(しじがわ)と反対側(はんたいがわ)の論理(ろんり)を的確(てきかく)に把握(はあく)できる。【　】☐

4　社内会議(しゃないかいぎ)などにおいて、問題解決(もんだいかいけつ)のための議論(ぎろん)に参加(さんか)し、自分(じぶん)の考(かんが)えや意見(いけん)を正確(せいかく)に表現(ひょうげん)できる。また、複雑(ふくざつ)な筋立(すじだ)ての議論(ぎろん)に対(たい)し、説得力(せっとくりょく)を持(も)って見解(けんかい)を提示(ていじ)し、対応(たいおう)できる。【　】☐

Self Assessment [Lesson 5]

Lesson 5　プレゼンテーションをする

自己評価
0・1・2 ✓

1　企画のアイディアや問題を整理し、分かりやすいプレゼンテーションの資料（例えば、PPTやレジュメ）を準備することができる。【　】□

2　いろいろなところから集めた情報や議論をまとめ、プレゼンテーションの資料を作ることができる。【　】□

3　社内でのプレゼンテーションで受け手に与える影響を考えながら、事前に言うこと及びその表現方法について準備することができる。【　】□

4　要点や補足説明にも焦点を当てながら、はっきりと、体系的に展開したプレゼンテーションができる。【　】□

5　ある特定の視点に対して賛成や反対の理由を挙げたり、いくつかの選択肢の利点と不利な点を示しながら、事前に用意されたプレゼンテーションをはっきり行うことができる。【　】□

6　プレゼンテーションで話し手の発話を正しく理解したかどうかを確認するための質問ができ、曖昧な部分の説明を求めることができる。【　】□

Self Assessment [Lesson 1 / Lesson 2 / Lesson 3]

How well can you do each of the following professional tasks using Japanese? Please check. Fill in 0, 1 or 2 in the brackets for each task and, if you want to pursue better performance of any of them, tick the box for the task.

0【Cannot do】 1【Can do with some help】 2【Can do with no difficulty】 ✓【Want to pursue】

Lesson 1　To know the type of person a corporation wants to recruit

Self Assessment 0・1・2 ✓

1　Can understand what is spoken at a briefing session for recruitment on topics within my own field or an area of interest. 　【　】☐

2　Can mostly understand a brief corporate profile provided in a website or a brochure of the company I want to work for or have an interest in. 　【　】☐

3　Can get the gist of a complicated passage of substantial length in a professional journal specializing in corporate business. 　【　】☐

4　Can gather necessary information for me to find the right job, such as working conditions, job description, corporate philosophy, or the size of business, by scanning a passage of substantial length from relevant sources. 　【　】☐

5　Can write a brief passage to introduce myself, describing my strengths and weaknesses, on the documents (including forms used in the job entry system) to be submitted for job application. 　【　】☐

6　Can present myself confidently at a job interview, explaining my experience, areas of interest, or preferable job types in detail. 　【　】☐

Lesson 2　To develop an idea for a project

Self Assessment 0・1・2 ✓

1　Can follow an animated series of spontaneous discussions between native speakers when participating in a meeting, etc. 　【　】☐

2　Can explain the current situation, for instance, at an inter-office meeting, using figures on sales results or market trends. 　【　】☐

3　Can understand what is discussed at a meeting I attend and can later report to a person who missed it by writing a simple, brief email. 　【　】☐

4　Can understand what is discussed at a meeting I attend and can later give a simple oral report to a person who missed it. 　【　】☐

5　Can understand what is discussed at a meeting I attend and can later prepare the minutes covering a wide range of information and arguments presented at the meeting. 　【　】☐

Lesson 3　To communicate with other people on a casual and informal occasion

Self Assessment 0・1・2 ✓

1　Can understand major points of what is spoken by my boss or colleagues on a casual and informal occasion after work, for instance, while eating and drinking together. 　【　】☐

2　Can explain my own view while maintaining the conversation with my boss or colleagues on a casual and informal occasion after work, for instance, while eating and drinking together. 　【　】☐

3　Can have fluent and spontaneous conversations with my boss or a staff member of another section, for instance, at lunchtime or on the way home, maintaining a relaxed comfortable atmosphere. 　【　】☐

4　Can actively participate in an informal discussion on a work-related issue, making my personal comments and giving my viewpoints clearly. Can evaluate other options or make and respond to hypotheses. 　【　】☐

自己評価／Self Assessment

Self Assessment [Lesson 4 / Lesson 5]

Lesson 4　To bring an idea into a specific project

Self Assessment
0・1・2 ✓

1. Can understand complicated conversations held between other persons, for instance, at an inter-office meeting, even if they are on a rather abstract and complicated topic which is unfamiliar to me.　[　]　☐

2. Can understand an analytical article written from a specific technical viewpoint, such as a SWOT analysis dealing with a marketing issue.　[　]　☐

3. Can accurately grasp the pros and cons of a particular issue, hearing intense discussions between native speakers.　[　]　☐

4. Can accurately express my own view while participating in a constructive discussion to solve a problem at an inter-office meeting, etc. Can express his/her ideas and opinions with precision, present and respond to complex lines of argument convincingly.　[　]　☐

Lesson 5　To give a formal presentation

Self Assessment
0・1・2 ✓

1. Can prepare effective presentation materials (such as a PowerPoint file or a resume), sorting out ideas and points involved.　[　]　☐

2. Can create presentation materials, gathering information or arguments from various sources.　[　]　☐

3. Can prepare the contents and manner of an inter-office presentation in advance, considering the nature of the audience and their response.　[　]　☐

4. Can give a presentation systematically while focusing on major points and supplemental remarks.　[　]　☐

5. Can give a prepared presentation, stating reasons for or against a specific viewpoint or comparing the pros and cons of several options.　[　]　☐

6. Can ask questions to check whether I correctly understand what the speaker means in their presentation and can request further explanation as required.　[　]　☐

言語的・文化的体験の記録

　　　年　　月　　日

日本語や日本語でのコミュニケーションについて、気づいたこと・考えたこと

日本の文化や社会について、気づいたこと・おもしろいと思ったこと・発見したこと

私の好きな日本語の勉強方法

仕事をするときに、役立つ情報や考え方

※このページはコピーをして使っても構いません。

自由に書いてください。

※このページはコピーをして使っても構いません。

スクリプト・解答・語彙と表現・語彙練習

Lesson 1 - Task 2～3のスクリプトと解答

【外国人留学生向けの企業ガイダンス(説明会)】

司会： 本日は、グローバルコスメ社人事部の山中様をお迎えして、求める人材像についてお話をしていただきます。グローバルコスメ社の化粧品は、皆さんの中にも使っている人が多いのではないでしょうか。では、山中様、どうぞよろしくお願い致します。

山中： みなさん、こんにちは。私どもグローバルコスメ社は、1958年3月に設立され、現在、従業員数は6370名です。本社は東京です。会社の概要につきましては、お手元の当社の会社案内をご覧下さい。
本日は選考基準と関わる求める人材像についてお話ししたいと思います。これは営業、企画など職種によってさまざまですが、共通するものが3点あります。
第一に、化粧品を通じて自分自身の向上と社会貢献ができる人です。
第二に、これまで何かに打ち込んだ経験のある人です。卒業論文、体育会、ボランティア、どんなことでも結構です。何かに全力で取り組んだ人は、その過程で挫折や悔しさを味わったことがあるでしょう。何か困難な状況に直面しても乗り越えていくことができる人材、そのような人を求めています。
第三に、チームで働くことができる人です。プロジェクトベースで働くことも多いのですが、その際、自分に割り当てられたことだけでなく、他の人と意見交換をしたり企画を立ててもらうことがあります。他人を尊重することのできる協調性のある人を求めています。
選考方法ですが、当社では筆記試験は参考程度にして、面接を重視しています。留学生の試験も、原則日本人と同じ内容で、留学生だからといって、特別扱いはしていません。
自由な発想で物事に取り組む人たちと一緒に仕事ができることを期待しています。

司会： 山中様、大変具体的なお話をしていただきありがとうございました。それではこれから質問に入ります。

【Task 2】

1.

設立	1958年3月
従業員数	6370名
求める人材	1) 化粧品を通じて自分自身の向上と社会貢献ができる人
	2) これまでに何かに打ち込んだ経験のある人
	3) チームで働くことができる人
選考方法	筆記試験と面接(筆記試験を参考程度にして、面接を重視)

【巻末】スクリプト・解答

【Task 3】

1.

①信念	〈メモ〉化粧品がすべての人を美しくできる、そして、それが豊かな生活、社会へつながる
②企業の存在理由	〈メモ〉化粧品を通じての社会への貢献
③発展の原動力	〈メモ〉研究開発、販売システム、カウンセリングなど
④海外での主な活動	〈メモ〉積極的な企業展開や社会貢献活動 （例 アジアの病院や介護施設での美容セミナー）
⑤その他 （使命、目指していることなど）	〈メモ〉世界中のお客様に愛されるブランドを届けることを使命としている、持続可能な企業へと一層発展することを目指している　など

【Task 6】

2.

人によって解釈が異なるため、「正解」はありません。ただし、改善の必要があるとして下線が引かれる可能性がある部分は、大変優秀、成績が良かった、上海の日系企業に知人が多い、内情にも詳しい、日本語には全く問題がない、など。（授業でどの部分を引いたか、なぜ引いたかなどを言ってみましょう。）

Lesson2に入る前に… 解答

【Task】

	草刈健史	王美麗	浅田裕美	香川瞬	稲本卓也
① 現在の役職	課員 マーケティング部 第1課	課員 マーケティング部 第1課	部長 マーケティング部	課長 マーケティング部 第1課	課員 技術開発部 第2課
② 年齢と出身	32歳 神奈川	27歳 中国	53歳 神戸	36歳 東京	34歳 静岡
③ 大学での専攻と専門分野	経済	国際経営	経済	政治経済、 MBA取得	バイオケミカル、 大学院卒
④ 職歴	社内の営業部 第3課から マーケティング部へ	商社から転職	フランス、イギリスに駐在。 社内の営業、人事、開発	サンフランシスコ支社、香港。 営業、開発	技術開発部 研究開発に従事
⑤ 性格	努力家、まじめ、マイペース	楽観的、 立ち直りが早い	短気な面あり	穏やか	物静か
⑥ 趣味	ワイン、ドライブ	ヨガ、読書	ゴルフ、旅行	テニス、 音楽鑑賞	旅行と トレッキング
⑦ その他	プライベートを大切にしているようだ、 草健（くさけん）と呼ばれている	8年前に来日、 東京の大学を卒業、 村上春樹が好き	鋭い洞察力と戦略は 社内で評判	知識が幅広い、 人脈が広い	草刈と同期、 ワインに詳しい、 行動派の一面あり

Lesson2 - Task1～3のスクリプト

【マーケティング部の企画会議】

香川課長： では、全員揃ったようですので、早速議題に入りたいと思います。
わが社の業績ですが、先日の部長会の報告によりますと、わが社は昨年第4四半期売上高は、300億円で、これは前年同期比10パーセント減ということで、かなり深刻な状況です。
他社が売り上げを大きく伸ばす中で、わが社のマーケティング戦略の見直しは急務であると考えます。参考までに3社の過去3年の売上推移についてのグラフを見てください。

浅田部長： このような状況になった原因はどこにあるのかしら。

草刈： あのー、まず考えられるのは、わが社は化粧品のブランド数が極めて多いことが一因だということです。現在、20 ありますが、これについて絞り込みを行う必要を感じます。売上を伸ばしている他社はブランド数が少ないですし。

浅田部長： うーん、そうねー。

香川課長： 絞り込みがカギだな。各課、ちょっと話し合ってみてくれ。

（20 分後）

香川課長： どんな意見が出たか聞かせてほしい。

王： わが社の各ブランドのコンセプトがあいまいだ、と話し合っていたんですがー。そこでブランドフォーメーションの観点で絞り込むのはどうかと。

草刈： あのー、マーケット調査の結果によると、年代別に使用する化粧水が異なっていて、例えば、20 代と 30 代前半は価格重視型、30 代後半から効果が気になり出し、40 代になると効果重視の傾向が顕著であるとのことです。ところが、わが社の 20 商品はブランドの差別化が進んでいないため、消費者にとっては選びにくいと考えられるのではないでしょうか。

浅田部長： 何かはっきりとした特徴を打ち出す必要がありそうね。

草刈： やはりうちは高級化粧品に集約して、年齢層の高い消費者をターゲットにしてきたからこの路線は守っていくことが大切でしょう。

王： そうですね。でも、最近の自然志向、いわゆるエコブームを考えれば、この際、自然派化粧品を強化するのはどうでしょうか。エコに関心のある新しい顧客も取り込めるかもしれません。

香川課長： うーん、悩むところですね。今までの顧客層を確保しながら新規の顧客を増やすにはどうすればいいのかっていう点ですね。

（沈黙）

浅田部長： エコっていうのは確かに今の時代にも合っていておもしろいわね。でも、単にブームにのるだけではうまくいかないわ。もう少し深く考えてみて。グローバルコスメの企業理念に自然とともに生きるっていうのがあるから、それと関連付けていけば、消費者にもっとアピールできるはずよ。いずれにしろ、自然派化粧品っていうのはおもしろい視点だから、そのあたりのこと、次までに詰めてきて。それによって、次回、ブランド数の集約化の可能性を検討することにしましょう。

香川課長： じゃ、今日はそういうことで。次はあさっての同じ時間に。

Lesson 2 解答

【Task 1】
1.

①この会社の業績	〈メモ〉第4四半期売上高300億円、前年同期比10%減
②失敗の原因	〈メモ〉ブランド数が極めて多い
③提案	〈メモ〉ブランドフォーメーションの観点でしぼりこむ
④次の会議までにすること	〈メモ〉エコという観点とグローバルコスメ企業の理念「自然とともに生きる」を関連付けて考えてくる。自然派化粧品の観点からブランド数の集約について考えてくる。

【Task 2】
①グローバルコスメ社
　2018年度の売上高は前年比若干増加していますが、2019年度は減少に転じ、3000億円を割り込みました。
②カエー社
　2017年度の売上高は2500億円を下回っていましたが、2018年度、2019年度と右肩上がりで伸びています。
③コージー社
　2017年度から2019年度まで、売上高はほぼ横ばいとなっています。

【Task 3】
①化粧品のブランド数が多い、昨年の第4四半期売上高300億円
②価格重視型　③効果重視型　④自然派化粧品

【Task 4】

宛先：
CC：
件名：企画会議の報告

望月様
お疲れ様です。
今日の会議について報告します。
以下、会議の決定事項と次回の会議までにすることです。
・業績ダウンのため、マーケティング戦略の見直しとして
　ブランドの絞り込みを行う
・今までの顧客層を確保しながら新規の顧客を増やすことを考える
・自然派化粧品案が出され、次回までに各自検討しプランを持ち寄る
議事録は後ほど配信されます。
以上、よろしくお願い致します。
王美麗

Lesson3-Task2のスクリプト

【居酒屋の会話】

全員： お疲れ！（乾杯する）お疲れ様です。

草刈： ねぇ、自然派化粧品ってどう思う？

稲本： 自然派化粧品って、うちならナチュレシリーズのこと？

草刈： うん。最近割と評判がいいんだ。エコブームだからかな？でも、ランネルやベルガモみたいな高級路線に比べると売り上げが伸びていないんだ。それに高級感を出すことって可能だろうか？

稲本： 何か新しい企画？

草刈： うん、今ブランドの集約化を検討してんだよね。

稲本： 自然派プラス高級感ね。おもしろそうだね。

王： あのう、この前フランスのファッション雑誌で読んだんですけど、有機栽培で花やハーブを育てている農場があるんです。そこで栽培しているバラを使った基礎化粧品がセレブの間でひそかに大人気なんです。そういう生産者を前面に出した戦略はどうでしょうか。

草刈: それ、いいね。そういうのをコンセプトにできないかなあ。

稲本: 原料が確保できればうちでもできる。技術的には問題ないよ。

王: あの、ヨーロッパからそういう原料を入手するというのはありきたりですよね。思い切ってアジアとかから探したらどうでしょうか。

草刈: でも、アジアで高級感が出せるのかなー。

王: 例えば、ラオスの手織りの布がヨーロッパの高級ブランドで使われているという話ご存知ですか?

稲本: あっ、それ聞いたことあるよ。そのおかげでその村からは出稼ぎが出なくなったそうだね。

王: そうなんです。日本の化粧品会社だから、「東洋の神秘で売る」というコンセプトはどうでしょうか。何かグローバルな社会貢献というイメージもつくし。

草刈: うん。いけるかもしれないな。でも、実際にそういう農場があるんだろうか。

王: じゃ、すぐ調べてみます。それから、実現したらどういう売り上げが期待できるかも。次回の会議で報告します。

Lesson 3 - Task 3 のスクリプト

【大学の先輩との会話(女性同士:木山先輩と梓)】

木山先輩: 久しぶり、梓!! 元気?

梓: 御無沙汰してます。先輩、今日はお忙しいところすみません。

木山先輩: いいのよー、元気そうね。

店員: 御注文は?

木山先輩: とりあえずビール。

梓: 私も。

店員: はい、ビール2丁!

木山先輩: で、今日は何だっけ?

梓: 実は会社入って2年目になったんですけど、

木山先輩: えー、もう2年目、はやいね。

梓: はい。それで、会社でいろいろあってー。直属の上司が全然残業しないんですよ。

木山先輩: そうなんだー。

梓: 4時半ごろすぎると、だんだん私に仕事をふってきて。もちろん、毎日じゃないんですけど。次の日の朝、会議があるときは、エクセルの表で作る資料とか、いっつも私にふってくるんです。いっつもですよ!

【大学時代の友人(同期)との会話(男性同士:健太と豪)】

健太: よお、久しぶり。

豪: おー健太、わりい、わりい、待たせちゃって。いやー会議が長びいてさ。

健太: 僕も今来たところ。ま、とりあえず何か頼もう。

豪: そうだな。あ、すみません、ビール、生で。

健太: 僕も、同じの。

店員: はい、生2つ。

豪: 最近どう?

健太: いやあ、実は異動になってさ、再来週から大阪勤務なんだよ。

豪: え? まじ? 配属は?

健太: 営業。

豪: よかったじゃん。営業得意でしょ。

健太: まあなぁ。でも大阪の営業ってさ、やっぱり東京で営業すんのと違うよね。

豪: あー違うと思うよ。

健太: 全然わかんないんだよなー。何に気をつければいい、とかってさ。豪って、実家、大阪だったよな。頼むよ、なんかさあ、大阪の営業のことってわかる?

Lesson 4 解答

【Task 1】
SWOT分析とは、縦軸に内部要因と外部要因、横軸にプラス要因・マイナス要因を取り、マトリックスを作り、自社の経営環境を検討すること。「強み」「弱み」「機会」「脅威」の4点から分析し、具体的な「戦略」を考えること。

【Task 2】
1.

	プラス要因	マイナス要因
内部要因	(1) Strength 強み ・効率的な生産システム ・強固な財務体質	(2) Weakness 弱み ・海外販売比率が高く、為替変動の影響を受けやすい
外部要因	(3) Opportunity 機会 ・新興国市場の成長 ・低燃費車の需要拡大 ・材料価格の下落	(4) Threat 脅威 ・新興国市場における競争激化 ・日本市場の縮小 ・参入障壁の低い電気自動車が普及する可能性

2. 品質の改善を消費者へアピールすることや、新興国市場における低価格の低燃費車投入。

【Task 3】
SWOT分析をして自然派化粧品の方向でいいかどうかを確認すること

【Task 4】

「強み」を表す表現	「弱み」を表す表現
優れた	危機
実績がある	乱立
信頼感	逃す
新機軸	迷い
安心感	

【Task 5】

1. 強み（Strength）について

〈例〉
- ブランドに安心感、信頼感がある
- 優れた研究開発力がある
- マスメディアを使ったプロモーションに実績

2. 弱み（Weakness）について

〈例〉
- ブランドが乱立 → ユーザーに迷いが生じる／ユーザーの迷い
- チャネル依存／販売チャネルの問題 → 顧客を逃がす

【Task 6】

1. 機会（Opportunity）について

〈例〉
- ネットや口コミの影響が増している → ネット対策、口コミ対策
- ドラッグストアの販売量の増加
- 女性の間でのエコ商品の人気の高まり、エコブーム
- 積極参入している企業が少ない
- 大手のエステサロンで注目、30代〜50代のお客様からの要望が多い
- インドのパンダ農場が（提携に）乗り気
- 新興国への農業開発支援 → 新興国の成長、社のブランドイメージの向上

2. 脅威（Threat）について

〈例〉
- 特許請求の範囲かどうか
- 技術開発過程での情報管理
- 原料の供給不足 → ブランドイメージの失墜
- 世界同時不況が起こる可能性
- 原油価格の高騰、原材料費の値上がり

【Task 7】

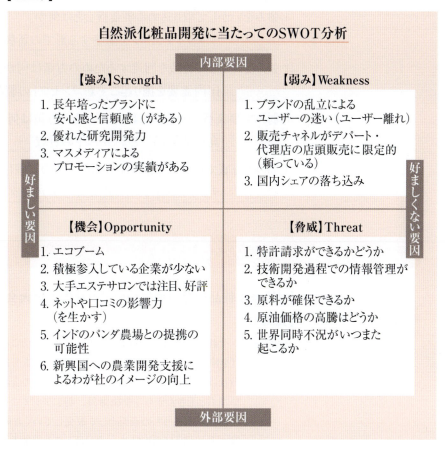

【チャレンジ1】省略

【チャレンジ2】

1.

	プラス要因	マイナス要因
内部要因	**Strength 強み** ●ブランド認知度の高さ ●サプライチェーン ●新製品の開発力 ●社員への経営理念浸透	**Weakness 弱み** ●海外進出の出遅れ ●デジタルメディア対応の弱さ ●高価格帯製品のシェアの低さ
外部要因	**Opportunity 機会** ●エコ製品の人気の高まり ●高機能製品の人気の高まり ●新興国の成長	**Threat 脅威** ●市場の飽和と価格の下落 ●海外有名ブランドのシェア拡大 ●新製品の開発力

2.

①強みをいかして取り込める事業機会とは何か。

　　解答例： サプライチェーンを構築する形での新興国進出

②強みをいかして脅威を回避するための方策は何か。

　　解答例： 国内需要を掘り起こす新コンセプトの製品投入

③弱みで事業機会を取りこぼさないための方策は何か。

　　解答例： 高機能製品に強いブランドの買収

④弱みと脅威で最悪な事態を招かないための方策は何か。

　　解答例： デジタルメディアを通じたマーケティング展開

Lesson 4 - Task 3〜6のスクリプト

【自然派化粧品開発計画についての社内の企画会議】

【Task 3】

浅田部長：　それでは会議を始めます。当社は現在のところ、海外ではそれなりに売り上げを伸ばし、シェアも伸びています。国内ではKAA（カエー）社が大きく伸び、当社はシェアが落ち込んでいることは、先日の会議でも話した通りです。その後、草刈君と王さんから「今後海外、特にアジアで有機栽培の原料を確保し、自然派化粧品をうちの商品として販売していく方向で考えていきたい」という提案が私のほうにありました。今日は、これを推進していくために、まず、もっとも大事な、国内及び海外市場に対するSWOT分析をきっちりやってみて、今後、自然派化粧品の路線でいいかどうかを確認したいと思います。

【Task 5】

浅田部長：　それでは、出席している皆さんから、SWOT分析の4つの観点、つまり、強み、弱み、機会、脅威の切り口から、この自然派化粧品の開発について自由に意見を言って欲しいと思います。じゃあ、香川課長からはじめてください。意見があれば自由に出してください。

香川課長：　営業部も危機感を抱いているように、当社はブランドが乱立していて、ユーザーが選ぶときに迷いが出ています。その点KAA社の製品はブランドイメージが分かりやすく、そのためにユーザーがKAA社に奪われていることが指摘されています。私もその通りだと思いますよ。それに、販売チャネルの面からも、うちはデパートと代理店の店頭販売に頼ってきたから、そこに来ない顧客を結果的に逃してきたわけです。

草刈： でも、うちは「グローバルコスメ」というブランドを長年培ってきたわけで―ブランドそのものにはお客様からの信頼感や安心感があります。再びシェアを拡大する余地が十分にありますよ。さらに、うちは優れた研究開発力とマスメディアを使ったプロモーションに実績がありますし、新機軸を打ち出せば今の状況を打開できますよ。

【Task 6】

王： でも私たち若い女性層は、マスメディア離れが進んでいます。ネットや口コミの影響が増しているので、ネット対策や口コミ対策を利用した広告宣伝活動をすれば若い女性層の売り上げアップが望めると思います。それからドラッグストアで販売量が伸びていることも無視できないと思います。えーと、あと、今女性の間ではエコ商品の人気が高まってきていますよね。これを取り入れない手はないと思いますが、どうでしょうか。

草刈： エコブームといえば、やはり自然派化粧品ですよね。

香川課長： そうですね。まだ積極参入している企業は少ないし。

王： 今、都内のデパートでも売っていますけどまだまだ製品が少なく、ブームを起こすほどにはなってないですね。でも、私が行っている大手のエステサロンでは結構注目していて、30代〜50代のお客様からの要望も多いみたいです。セレブとエコが繋がっていると思います。

草刈： 我が社の研究開発力を生かして参入するチャンスなんじゃないでしょうか。

浅田部長： 海外での自然派化粧品に対する期待や開発状況はどうかなー？

草刈： 実は、一昨日（おととい）王さんとアジアの状況をいくつか調べてみたところ、インドがビジネスパートナーとしての可能性が高いという結論に至りました。インドでは自然派化粧品は既に富裕層を中心としてかなり浸透していて、結構評判がいいようです。当社が継続的に開発支援ができれば、世界的ブランドになるんじゃないかという期待もあるようです。わが社のブランド力は強いですねー！

王： 既に何軒かの農場に打診してみたんです。パンダ農場がかなり乗り気で、本格的な研究開発に対する投資を望んでいます。やっぱりうちの設備開発の技術力や、投資能力に対する期待が高いんだと思います。

香川課長： 新興国への農業開発支援を我が社が担うということは、新興国の成長にも貢献できるわけだから、すごく大きなブランドイメージの向上につながると言えますね。

草刈： でも、課題はまだありますよ。たとえば、商品開発の段階で、わが社が特許請求できるかどうかも調べてみないといけませんね。それから、技術開発過程では情報管理も難しいですね。

浅田部長： そうね。それから、原料が安定して確保できるのかどうかが心配ね。供給不足になることだけは避けなければなりません。もしそんなことになったらブランドイメージの失墜につながります。いずれにしてもこの辺は慎重に検討しなければならないけど、今のところ開発中止にするファクターではないわね。

草刈： そうですね。世界同時不況がまたいつ起こるかわからないし、原油価格の高騰や原材料費の値上がりについても同様です。これらについても慎重に検討していく必要がありますね。

浅田部長： では、ここまでのところ、1時半までにマトリックスにしておいて。じゃ、そろそろお昼だから。午前の会議はここまでとします。

Lesson 5 - Task 3

【スライド1】
　マーケティング部第1課の王美麗と申します。ただいまより課内で検討を重ねてまいりました、わが社の新ブランド戦略についてご説明いたします。

【スライド2　本日の内容】
　本日のプレゼンテーションの流れですが、はじめに最近の市場の動向を、次にこれまでのわが社のブランド展開をご報告いたします。続きまして、SWOT分析の結果に基づく新戦略の方向性、最後に、新ブランドの提案の順でお話しいたします。

【スライド3　最近の市場の動向】
　こちらのスライドは、化粧品業界の最近の市場の動向を、市場規模の推移で表したものです。2003年から2008年までは業界の売り上げが増加し、拡大傾向にありましたが、2009年に、減少に転じています。この理由は、国内の売り上げの伸び率が頭打ち状態になっていることに加え、原油価格の高騰による原材料費の値上がりや、世界同時不況の影響が原因と考えます。

【スライド4　販売チャネルの多様化】
　現在、化粧品の販売チャネルは多様化していると言えます。この3種類が主流です。従来は代理店、百貨店が中心でしたが、ドラッグストアでの販売や、インターネットなどを利用した販売が成長してきました。
　ご存じのように、代理店と百貨店の特徴は、価格帯が比較的高く、流行に左右されにくいということです。これに対して、ドラッグストアは、大手化粧品会社に加えて、通販で取り扱う化粧品も置かれています。また、各社ともドラッグストア向けにオリジナル商品の開発に力を入れています。そして、ネット販売は、流行の影響を強く受け、新規ブランドが次々と登場するなど、商品サイクルが速いのが特徴です。

【スライド5　販売チャネル別売り上げ推移】

こちらの、業界全体の販売チャネル別売り上げの推移をご覧ください。2003年を境に代理店、百貨店よりもドラッグストアが伸びていることがわかります。またネット販売は、規模はまだドラッグストアの半分ぐらいではありますが、順調に伸びています。これに対して、代理店、百貨店の売り上げは減少傾向にあることは、このグラフからも明らかです。

【スライド6　わが社のブランド展開】

さて、ここでわが社のこれまでのブランド展開を振り返ってみたいと思います。わが社は1958年の創業以来、戦後の高度成長期に信頼のある老舗ブランドとして順調に事業を拡大しました。80年代には、細分化が進む顧客のニーズに対応した商品開発を進めました。90年代に入りますと、従来の販売チャネルを拡大する一方、海外向けブランドの開発も進め、多様なブランド展開に取り組みました。しかし、2000年代になりますと、社内ブランドが乱立気味となりました。また新興メーカーの市場参入で、競合相手も激増しました。その結果、化粧品業界全体が成長しているにもかかわらず、現在、我が社の主力ブランドの伸びは頭打ちになっています。それに代わる人気ブランドも不在です。

【スライド7　チャネル別ブランド展開】

こちらのスライドは現在、主流となっている3つの販売チャネルごとに、わが社の化粧品を整理したものです。グローバルコスメは全12のブランドを販売しています。全販売量の7割を占める6つのブランドはすべて代理店、百貨店に集中していることから、わが社は依然、代理店と百貨店を中心に展開していることがわかります。しかし、これらのブランドは海外高級ブランドに押され気味で、ここ数年ほとんど伸びが見られません。ドラッグストアとネット販売に期待したいところですが、昨年売り出したパルクが若年層向けの広告キャラクターが成功し、一時的に知名度が上がったものの、他の化粧品は残念ながら苦戦しております。

【スライド8　SWOT分析】

このような状況を改善するために、マーケティング部第1課では市場とグローバルコスメの現状についてSWOT分析を試みました。その結果がこちらです。縦軸は、内部要因と外部要因、横軸は、好ましい要因と好ましくない要因です。

では、まず、我が社の強みをご覧ください。えー、ではマトリックスの左上ですね。第一の強みは、グローバルコスメのブランドには長年培ったブランドイメージによる絶対的な安心感、信頼感があげられます。第二に、優れた研究開発力があります。さらに、これまでマスメディアを使った大々的なプロモーションの実績が3番目の強みと言えます。

一方、右側にある弱みですが、国内シェアの落ち込みが第一に挙げられます。第二は、ユーザー離れです。ブランドが乱立しており、これによりユーザーのブランド選択に迷いが生じています。第三は、販売チャネルが大手百貨店と代理店の店頭販売に限定されていることです。このため、インターネットやドラッグストアなどを利用している顧客を逃していると言えるのではないでしょうか。

さて、次は機会です。エコブームが消費行動に大きな影響を与えていますが、化粧品も同様の傾向にあり、セレブ層の関心が環境問題に向いてきています。環境問題に関心が高い消費者に人気のあるのは自然派化粧品で、最近は大手エステサロンでも好評のようです。

ところが、自然派化粧品に本格参入している国内メーカーはまだ少ないです。また、自然派化粧品はもともとインターネットや口コミによる影響力が強いという調査データがありますので、ネット販売に力を入れることで販路を容易に拡大することができます。

自然派化粧品の原材料の供給元を探してみたところ、インドのパンダ農場が提携先を探しているという情報を得ました。パンダ農場との提携が期待できます。新興国への農業開発支援によりわが社のイメージの向上も狙えます。

最後に脅威ですが、5つあります。新規の海外法人との提携には、まず特許請求ができるかどうかに懸念があります。技術開発過程での情報漏洩の危険性もあります。
また、原材料の継続的な確保にも不安が残ります。さらに、原油価格の高騰や世界同時不況などの可能性も考えておかなければなりません。

【スライド9 新ブランドの提案】

CD 19

このようなSWOT分析により、マーケティング部第1課は次のような結論に達しました。

機会に挙げられているエコブームと新興国の農場との提携を中心に、高級自然派化粧品のブランドを立ち上げることを提案致します。

【スライド10 なぜ「高級自然派化粧品」なのか】

CD 20

では、なぜ「高級自然派化粧品」なのでしょうか。この3つがキーワードとなります。まず、1つ目は「高級感」です。これまでのセレブ層のライフスタイルにはCO_2の排出が非常に高いというマイナスイメージが生まれており、エコイメージ、すなわち自然派と高級感につながりが現れ始めています。そして、2つ目は「流行感」です。高級ブランドのエコバッグが超人気商品となったり、海外では五つ星ホテルでアースデーに照明を落とすといったイベントが話題になったりしています。すなわちエコがファッション化していると言えます。

3つ目は、「潜在層の開拓」です。現在、自然派化粧品市場は、低価格のものから高級品まで内外の中規模のメーカーがインターネットチャネルを中心にすでに数十社あります。しかしながら、このようなチャネルは既にエコ意識が非常に高い消費者を対象にしており、これからエコ意識が高まる潜在層はまだ開発の余地があります。

以上のことから新規に立ち上げるわが社の中核ブランドとして、エコ意識と高級感を兼ね備えた新ブランドの立ち上げを提案した次第です。

【スライド11 新ブランドコンセプト：エコ意識とアジアの美】

CD 21

今回立ち上げる新ブランドのコンセプトは「エコ意識とアジアの美」です。これからエコ意識が高まる潜在層を対象に、まず、エコ意識を持つことが質の高い生活につながることを提案します。さらにアジアで育てた有機栽培の原材料を使うことで、アジアの神秘と地球への愛情という新しい美意識を前面に打ち出そうと考えています。アジアの美、神秘というブランドイメージは、他社のシャンプーの広告が成功していることからも、確実に支持されると考えます。

【スライド12 企業イメージの向上】
　アジアの農場を使うということは、新興国、途上国における集約型農業開発の支援プロジェクトとして意義があり、企業イメージの向上につながります。また、高級化粧品と言えば欧州というこれまでの固定観念から抜け出し、アジアの美という新しい観点を世界に発信する役割を担います。最近はアジア各国の発展も目覚しく、1月にはアジアでオーガニックフェスティバルが開催され、高級ブランドイメージとアジアがますます結びついてきました。

【スライド13 提携可能な農場】
　これは先ほど申し上げたインドのパンダ農場の写真です。この農場は20年前から完全なオーガニック栽培による基礎化粧品用の植物を栽培しています。農場内の工場で基礎化粧品の製造も手掛けています。
　最近パンダ農場の栽培技術に詳しい田中氏よりパンダ農場が農地を拡大し、海外の提携先を探しているという情報を得ました。そこで、早速現地へ飛び、直接話し合ったところ、大変よい感触を得ました。
　以上で新コンセプト、「高級自然派化粧品」に関する企画内容の説明を終わります。では、ご質問、ご意見をお願いいたします。

Lesson 5 - Task 4のスクリプト

【Task 4】
女性社員：　SWOT分析の「脅威」について質問いたします。継続的な供給はどのようにすれば、実現が可能になるとお考えでしょうか。

　　　王：　はい。インドは目覚しい経済成長をしており、大手の農場は経営も安定しているようです。パンダ農場について、先ほどの説明に補足いたしますと、同農場はバラの優良農場に選ばれており、過去5年国際バラ新品種コンクールで常に上位に入っています。経営は非常にしっかりしています。

男性社員：　SWOT分析の結果は、大変興味深く聞きましたが…、具体的な戦略に落とし込んでいく上で、他部との意見交換はどのぐらい進んでいますか。

　　　王：　はい。研究所の開発部とはこの企画が始まったときから相談しながら進めてきております。製造部門には大まかな計画については説明しておりますが、細部はこれから詰めてまいります。

Lesson 5 解答

【Task 1】

① [1] 最近の市場の動向はどうなっているのか
② [2] なぜ、今、新しいブランド戦略が必要なのか
③ [4] 新しいブランドからどのような企業イメージが生まれるのか
④ [3] どのようなブランドを立ち上げるべきか
⑤ [5] 新ブランドの製品化が実現可能な根拠は何か

【Task 2】

① e ② f ③ d ④ b ⑤ h ⑥ g ⑦ c ⑧ a

著者紹介

近藤彩（こんどう あや）　昭和女子大学

人文科学博士、応用言語学（お茶の水女子大学大学院）。主な著書に『日本人と外国人のビジネス・コミュニケーションに関する実証研究』（ひつじ書房）、『ビジネスコミュニケーションのためのケース学習―職場のダイバーシティで学び合う』【教材編】／【解説編】ココ出版）、近年の論文に「高度人材としての外国人の活躍と日本語教育関係者の役割」『日本言語文化研究会論集』15号、「日本語非母語話者と母語話者が学びあうビジネスコミュニケーション教育―ダイバーシティの中で活躍できる人材の育成に向けて」『専門日本語教育研究』第16号他。"Easy Japanese for Work　しごとのにほんご"（NHK WORLD）番組及びWEBコンテンツ教材監修。日本人と外国人の協働に関わる調査研究やリソース開発、世界にひろがる日本語教育の教師育成や企業における人材育成に携わっている。

品田潤子（しなだ じゅんこ）　BPC研修サービス・公益社団法人国際日本語普及協会（AJALT）

社会人学習者に対する日本語教育、教材開発、教師養成に従事。共同執筆『じっせんにほんご技術研修編』（国際日本語普及協会）、Japanese for Busy People II 及び III 改訂第3版（共に講談社アメリカ）他。教室内に閉じない活動型の日本語教育に関心を持ち、カリキュラム開発、教授法と評価法の研究、企業研修を中心とした授業実践に携わっている。また、学習者の自律的な学びを促進するカレブ・ガテーニョのアプローチにも関心を持ち、普及活動に関わっている。

金孝卿（きむ ひょぎょん）　麗澤大学

人文科学博士、応用言語学（お茶の水女子大学大学院）。主な著書に『第二言語としての日本語教室における「ピア内省」活動の研究』（ひつじ書房）、共同執筆に『ビジネスコミュニケーションのためのケース学習―職場のダイバーシティの中で学び合う』【教材編】／【解説編】ココ出版）、『日本人も外国人もケース学習で学ぼうビジネスコミュニケーション』（日経HR）他。近年の論考に「元留学生社会人交流会「サロン・デ・ゼクスパット」におけるケース学習の実践―企業と大学の協働による学びの場の構築に向けて」『多文化社会と留学生交流』第22号、「人材育成を目指すビジネスコミュニケーション教育」『日本語教育通信　日本語・日本語教育を研究する 第44回』（近藤彩氏との共著）他。言語教育における協働学習、ビジネスコミュニケーション教育に関する調査研究やリソース開発、教師の成長とコミュニティ形成に資する教師研修に携わっている。

内海美也子（うつみ みやこ）　公益社団法人国際日本語普及協会（AJALT）・横浜国立大学教育学部非常勤講師

一般社会人・留学生を対象とする日本語授業、教材開発、教員養成に従事している。共著『敬語表現教育の方法』（大修館書店）（第III章「ビジネス場面に対応する敬語表現―習得を促すアプローチの方法」担当）、共同執筆 Japanese for Professionals（講談社USA）他。おもに、ビジネス遂行を目的とする中上級学習者の日本語授業とそのコースデザインに携わっている。

協力者　ビジネス関連……増川順一（ますかわ じゅんいち）元旭化成ファーマ株式会社
　　　　校正 他……原田裕子（はらだ ゆうこ）公益社団法人国際日本語普及協会（AJALT）

課題達成のプロセスで学ぶビジネスコミュニケーション〈改訂新版〉

初版第一刷発行　　　2012年8月8日
改訂新版第一刷発行　2018年5月20日
改訂新版第二刷発行　2022年10月30日

著　者・近藤彩・品田潤子・金孝卿・内海美也子
発行者・吉峰晃一朗・田中哲哉
発行所・株式会社ココ出版
　　　　〒162-0828　東京都新宿区袋町 25-30-107
　　　　電話 03-3269-5438　ファックス 03-3269-5438
印刷・製本・株式会社シナノパブリッシングプレス

©2018 A. Kondoh, J. Shinada, H.K. Kim, & M. Utsumi. Printed in Japan.
ISBN 978-4-86676-001-8